도전이 일상인 교환 학생 1년의 기록

낯선 설렘

prologue

   1년 동안 미국 공립 고등학교를 다니는 교환학생이라는 프로그램을 알게 된 2021년 1월부터 시작해 결정까지 참 많은 갈등이 있었다. 부모님을 설득하는 것부터 대학 입시, 앞으로의 미래까지 그 갈등을 다 딛고 일어나서 2021년 8월 미국 텍사스의 조그마한 마을 코퍼스크리스티로 출국하였다. 팬데믹은 나를 넘어서 세계까지 바꾸어 놓았다. 모두가 처음 겪어 본 상황에 당황스럽고 힘들었다. 나도 마찬가지였다. 힘든 상황을 벗어나기 위해 내 좌우명을 '위기를 기회로 바꾸자'로 설정했다. 이 위기 상황을 기회로 바꾸기 위해 난 미국으로 출국했다.

이 책은 미국에서의 소중한 시간들을 기록하기 위해 쓴 책이다. 한 편 한 편 쓰다 보니 벌써 한 권의 책이 되었다. 일주일에 하나씩 다돌 선생님에게 주제를 받아 그 주제에 대한 내 생각을 문장으로 만들었다. 한 문장 한 문장 애정 가득 담아 썼다. 잔뜩 희망을 품고 떠난 2021년 8월부터 다시 한국의 일상으로 복귀한 2022년 5월까지의 내 일상이 담겼다.

차 례

프롤로그

교환 학생 이야기

1. 나는 지금 어디까지 와 있나 ...9
2. 교환학생을 시작한 계기 ...14
3. 과거 현재 미래 ...17
4. 여행자의 공항 풍경 ...29
5. 풍경 에세이 학교 ...35
6. 나눔 ...38
7. 루틴의 힘 ...41
8. 나에게 공부란? ...44
9. 오미크론 ...47
10. 버티기로 한판승 ...50
11. 홈커밍데이 ...54
12. 시간표 ...58
13. 소프트볼 try out ...60
14. 미국의 장례 ...62
15. 매직 크림 ...64
16. 외국인 친구 사귀기 ...67

17. 세계 음식 페스티벌 ...70
18. 나를 사로잡은 인물 ...73
19. 마트 ...75
20. 눈 ...81
21. 세 자매 ...86

여행이라 괜찮아

22. 콜로라도 여행기 ..91
23. 라스베이거스 여행 ...114
24. 뉴욕 ...138
25. 동부 여행 ...144

글쓰기로 찾아가는 나의 꿈 나의 미래

26. 교환학생을 마치며 ...156
27. 내가 가진 한 가지 ...158
28. 나의 꿈 ...161
29. 귀국 ...165
30. 글과 미래 ...168

감사함으로 ...170

교환 학생 이야기

1. 나는 지금 어디까지 와 있나?

나는 지금 미국에 있다. 미국과 한국 그 사이 어디쯤 있다. 한국을 국적으로 미국에 유학을 와 있는 상태이다. 유학을 미국으로 온 이유는 미국이 G20 중 1위 국가이기 때문이다. 세계 공용 언어는 영어이고, 전 세계에 영향력 있는 사람이 되기 위해선 영어로 내 의견을 정확히 전달할 줄 아는 사람이 돼야 한다고 생각했기 때문이다. 미국에 오기 전 내 계획은 교환 학생 생활 10개월을 마치고 한국에 돌아가면 6월인데 6월부터는 대학 입시에 매진해 2023년 3월 한국에 있는 명문대에 입학하는 것이다. 하지만 교환 학생을 시작한 지 100일이 약간 지난 이 시점 나는 미국에 계속 살고 싶다는 생각이 들었다. 태어난 나라가 아닌 다른 나라에서 산다는 건 많은 노력이 필요하다. 의사소통의 문제부터 많은 문화적 차이까지 여러 문제로 충돌할 수 있고 금전적인 지원도 받쳐줘야 가능하다. 지금 미국에서 고작 3개월을 살았고 어떻게 보면 미국을 여행지라고 생각해서일지도 모른다. 낯선 곳에선 설렘은 배가 되니까. 고작 3개월로 앞으로의 인생을 결정할 수 있을까? 더 이상 미국이 낯선 곳이 아니라 익숙한 곳이 되어 버리면 그때도 지금의 마음가짐과 똑같을까? 앞으로의 미래가 미국에서 이어진다고 했을 때 과연 내가 잘 살 수 있을까? 이런 질문들에 대한 답을 찾아야 결정할 수 있다. 하지만 난 아직까지도 답을 모르겠다. 그저 미국이 너무 좋고 자신이 있을 뿐이다. 또한 교환 학생 10개월은 짧지도 길지도 않은 시간이다. 한 나라를 파악하기에는 너무 짧다. 낯선 곳이라 모든 것이 설렌다는 나의 인식을 잊어버릴 수 있는 기간이기도 하다. 3개월을 이곳에서 살았지만 난 아직도 이곳 모든 것 하나하나가 너무 예쁘고 다 간직하고 싶은 순간과 기억들이다. 하지만 한국에 있는 가족들이 가끔 그립기도 하다. 학교에서 자매, 형제가 같이 있는 모습을 보거나, 친구들이 엄마 아빠 얘기를 하는 거나 같이 있는 모습을 보면 '나도 바로 옆에서 엄마 아빠가 챙겨줬으면 좋겠다.' 이런 생각이 들긴 한다. 아직 마음에 갈피를 잡지 못했다. 그럼에도 불구하고 앞으로 남은 7개월 동안 앞으로의 내 미래를 계획해야 한다. 기회는 많으나 내가 그 기회를 잡지 못할 뿐이다. 기회를 잡기 위해선 항상 준비를 해야 하며 준비가 완벽한 사람만이 기회를 잡는다. 나는 그 기회를 잡기 위해 뚜렷한 목표를 세워 준비된 자가 돼야만 한다. 미국이 좋은 이유 중 하나는 한국에서 받는 학업에 대한 압박감도 없고 더 재밌다. 나에겐 그냥 공부, 입시가 싫다는 꾸며 내지 않은 이유가 있다. 그럴듯한 이유로 설득을 했다면 꾸며 내지 않은 이유들로 내 속마음을 정리하고 목표를 세워야 했을 것이다. 10대의 목표는 꿈을 이루기 위해 좋은 대학에 들어가는 것이다. 원래 내 선택은 한국 입시에서 살아남아 내가 만족할 수 있는 좋은 대학에 가는 것이다. 근데 이 선택지에 항목을 추가한다면? 내 미래가 달라질 수 있다. '한국'이라는 기본 선택지에 '미국'이라는 항목을 추가했다. 하지만 아직도 둘 중에 뭘 선택할지 고민하고 있다. 이 선택엔 미래가 달려 있다. 미래가 달려 있다고 생각되는 선택은 오히려 결정을 하지 못하게 만든다. 오히려 단순한 목표를 잡고 목표만을 생각하며 선택하면 쉽다. 하지만 이 선택엔 많은 추가 요소가 따른다. 이 모든 것을 종합했을 때 내가 후회하지 않을 만한 선택은 뭘까? 앞으로 남은 7개월 동안 결정을 해야만 한다.

1. 나는 지금 어디까지 와 있나? 13

2. 교환 학생을 시작하게 된 계기

평범한 고등학교 1학년이 보내는 겨울 방학답게 난 독서실에서 공부를 하고 있었다. 매일 같은 독서실에 앉아 책을 펴고 공부를 하는 게 일상이었다. 이런 일상에서 벗어날 수 있는 탈출구를 찾고 싶었다. 처음은 그냥 막연하게 '유학'을 꿈꿨다. 찾아보니 교환 학생이 사립 유학보다 좀 더 저렴한 가격에 날것의 미국 생활을 즐길 수 있을 거라 생각했다. 교환 학생의 첫 번째 관문은 부모님 설득하기였다. 처음엔 바로 허락해 주시진 않았지만 난 포기하지 않고 계속해서 교환 학생의 장점을 말씀드렸고 유학원 상담까지 잡았다. 첫 유학원 상담은 아빠랑 함께 갔다. 전체적인 설명을 듣고 2, 3번째 유학원은 부모님과, 유학을 갔다 온 아빠 친구까지 총동원해서 상담을 들으러 갔다. 결국 난 부모님을 설득했고 3번째 유학원과 함께 교환 학생 프로그램을 시작하게 됐다. 진짜 교환 학생을 시작하게 되니 세계적으로 영향력 있는 변호사가 되는 뚜렷한 목표가 생겼다.

  내 10대의 최종 목표는 좋은 대학의 원하는 과에 입학하기이다. 교환 학생을 온 목적엔 좋은 대학에 가기 위한 것도 포함이 된다. 하지만 단지 대학에 가기 위한 목표라고 할 순 없다. 왜냐하면 입시를 얼마 앞두지 않은 내 나이에 교환 학생이라는 선택이 오히려 대학에 가기 위해선 더 좋지 않은 선택이 될 수 있기 때문이다. 항상 이런 선택의 기로에 서 있을 땐 선택도 힘들지만 잘못된 선택이라는 결정 뒤에 따라오는 후회가 더 선택의 기로 앞에서 망설이게 만든다. 하지만 선택을 하지 않고선 앞으로 나아갈 수 없다. 선택을 하지 않는다면 전진하지 못하고 포기하게 된다. 포기하면 후회로 가득해진다. 그런 포기, 후회들이 날 선택하게 하고 망설이게 한다. 설령 포기하고 후회가 남아 좌절하더라도 다시 훌훌 털고 일어나야 한다. 어느 선택에도 앞으로 나아갈 길은 있다고 생각한다. 위기의 순간엔 '발전된 나'를 생각하고 어떤 선택이 과연 나를 더 멋진 사람으로, 목표를 달성할 수 있는 사람으로 만들어 줄지 생각한다. 잘못된 선택에 자책하고 후회하며 좌절만 한다면 앞으로 나아갈 수 없다. 항상 위기를 기회로 바꿔 앞으로 나아갈 줄 알아야 한다.

3. 과거 현재 미래

과거

가족은 나의 편

어린 나에겐 가족이 제일 중요했었다.

가족이라는 것은 선택을 할 수 없고, 아무것도 모르는 상태에서 시작하는 것이 가족이다. 다행히 난 운 좋게도 좋은 가족을 만난 것 같다. 나에게 가족이란 태어나자마자 내 편이 생긴 것이다. 내 편을 지키기 위해 굳이 노력을 하지 않아도 된다. 나 또한 가족들에게 항상 행복을 주는 사람이 되고 싶다.

친구의 재미

친구들과 놀기 좋아하는 어린아이였다.

친구들은 언제 만나도 즐겁다. 함께 있으면 재밌고 편하다. 이런저런 이야기를 하다 보면 시간도 빨리 가고 스트레스도 풀린다. 친구 관계 유지를 위해 노력을 하지 않아도 오랜만에 만나도 편한 게 진정 친구인 것 같다. 앞으로 내 인생에서도 친구들과 함께하면서 재밌고 싶다.

학업의 기대

인정받고 싶어 하는 욕구가 있었고 학업에 대한 욕심이 있었다.
학업이란 내가 선택한 길이다. 나는 예체능이 아닌 학업을 선택했다. 내가 선택한 학업에 최선을 다해야 하는 건 당연하다고 생각했다. 학업에서 오는 성취감이 좋았고 꿈을 향해서 꾸준히 학업에 충실히 임해야 한다.

놀기의 신남

집에서든 밖에서든 노는 게 좋았다.
모든 사람들은 놀거나 쉬는 걸 좋아한다. 보람찬 쉼을 위해서 열심히 노력한다. 수영 후 먹는 컵라면이 맛있는 것처럼 무엇이든 열심히 임한 후에 얻은 쉼은 정말 보람차기 때문이다. 놀기 위해서 노력하고 있고, 쉬기 위해서 노력할 것이다.

꿈의 방향성

꿈을 찾고 이루기 위해 노력했다.

사람들은 타인의 꿈을 궁금해한다. 특히 어린 아이들에게 꿈이 뭐냐는 질문을 많이 한다. 하지만 꿈이 있다고 해도 그 꿈을 이룬 사람은 정말 몇 명 없을 것 같다. 나도 꿈을 만들었다. 영화에서 접한 변호인을 꿈으로 정하고 나니 관심이 가고 좋아졌다. 지금 내가 하는 모든 것들이 내 꿈을 위해서 하는 것이다.

현재

나

내가 주체인 삶을 살아야 한다고 생각한다.

남에게 끌려다니는 삶이 아니라 나를 주체로 내가 선택하는 삶을 살아야 한다고 생각한다. 한 번 사는 인생이 타인에 의해 선택되기엔 너무 짧다. 자신의 인생은 자신이 선택하고, 그에 맞는 책임을 질 줄 알아야 한다고 생각한다. 내가 주체인 삶을 살기 위해서 내 선택에 자신감을 실어야 한다.

영어

미국에서 1년 동안 살아야 하기 때문에 영어가 필요하다.

영어는 항상 필요하다. 미국에 와서 영어가 정말 필요하다는 걸 느꼈다. 내가 원하는 삶, 좋은 대학에 진학하고, 변호사가 되고 싶으면 영어 실력은 기본이기 때문이다. 언어는 안 쓰면 까먹기 때문에 꾸준히 영어 공부를 해야 한다.

학업

미국에 가서도 열심히 공부해 좋은 성적을 받고 싶다.

내 과거 현재 미래엔 학업이 존재한다.

미국사 선생님이 해주셨던 말이 생각난다. 언제든지 본인의 가족, 직업 등 겉표면에 있는 건 모두 사라질 수 있지만 단 하나 배움은 절대 사라지지 않는다고 하셨다. 특히 그 학업은 책에서 나오는 게 아니라 지나가는 사람들, 꽃, 가족, 친구, 선생님에게서 나오는 배움이라고 하셨다. 인생은 배움의 연속이지만, 내 목표를 이루고 나면 배움에도 끝이 있으면 좋겠다고 생각한다. 하지만 내가 원하는 끝은 없을 것 같다.

가족

가족은 항상 소중하다.

과거, 현재, 미래에 계속 나오는 키워드 중 하나다. 그만큼 가족은 말로 형용할 수 없을 만큼 소중하다.

친구

친구들은 없어선 안 된다고 생각한다.

과거와 현재에만 존재하는 키워드다. 그만큼 학창 시절엔 친구가 중요하다고 생각한다. 가족과 친구는 다르다. 친구에게 못 하는 이야기를 가족한테 할 수 있고, 때론 가족에게 못 하는 이야기를 친구한테 할 수 있기 때문에 가족과 친구 모두 소중하다.

미래

나

내가 주체인 삶을 살 것이다.

내가 주체인 삶은 중요하다. 무슨 일이 있어도 올바른 신념을 갖고 그 신념에 따라 살아야 한다고 생각한다. 본인의 주장에 자신감이 생긴다면 누구든 자신이 주체인 삶을 살 수 있다.

변호사

법조인이 되어 억울한 사람들을 돕고 싶다.

내 꿈이자 목표이고 내가 노력하는 이유이다. 영화 한 편이 나에게 크게 다가왔는지 변호사라는 꿈을 갖게 되었다. 정의로운 법조인이 되어서 정의가 넘치는 세상을 만들고 싶다. 내가 하고 있는 모든 것들은 내 목표를 이루기 위해서 하는 일들이다. 법조인이 되기 위해선 일단 흔히들 말하는 좋은 대학에 가야 하고, 로스쿨에 가고, 변호사 시험도 통과해야 한다. 앞으로 내 인생에서 배움의 끝은 없을 것 같다.

돈

삶과 직결돼 있기 때문에 중요하다.

아마 모든 사람의 근본적인 목표는 돈을 많이 버는 것일 거라고 생각한다. 돈 많이 버는 사람이 되기 위해선 변호사로서 열심히 일하고 노력해야 하며 성과를 내야 한다.

사랑

사랑을 주고 또, 사랑을 받고 싶다.

누구나 사랑을 받고 줄 자격이 있다고 생각한다. 또한 다양한 사랑을 경험해 보고 싶다.

가족

가족은 항상 소중하다.

항상 등장하는 키워드다. 미국에 있으면서도 항상 생각나는 건 가족이며 항상 보고 싶다.

공부

 '공부'라는 것은 학창 시절에 떼려야 뗄 수 없는 숙명 같은 존재다. 공부는 나에게 인정 욕구를 불러일으켰고 나는 '공부 잘해 보이는 아이'가 되기 위해 공부를 시작했고 노력했다. 인정 욕구뿐만이 아니라 학업에 대한 욕심도 컸던 것 같다. 어린 시절 나에게 공부란 해야 하고 하고 싶은 것이었다. 초등학교 땐 항상 해야 하는 일을 알림장에 써 와 집에 오면 숙제를 바로 하고 '끝내야만 놀 수 있다'라는 규칙을 스스로 만들었다. 누군가 시킨 것도 아니지만 이렇게 해야만 마음 편히 놀 수 있었다. 공부를 열심히 하는 과정을 거쳐 좋은 성적을 낸 시험 결과를 보여 주면 주변 사람들이 날 인정해 주었고 나는 공부 잘하는 아이로 각인됐다. 하지만 공부를 못했을 때에도 같은 반응이었다. 이미 공부 잘하는 아이로 각인되었기 때문에 결과가 좋지 않을 때에도 각인된 모습으로 인해 사람들은 단지 한 번의 실수뿐이라고 생각한다. 내가 공부를 하는 이유는 인정 욕구도 있지만 오로지 내 꿈을 이루기 위해서다. 내 꿈은 변호사다. 변호사가 되고 싶은 이유는 억울한 죽음을 막고 싶고 정의가 넘치는 세상을 만들고 싶기 때문이다. 변호사가 되기 위한 첫걸음은 로스쿨에 들어가는 거다. 4년제 대학을 졸업하면 로스쿨에 지원할 수 있다. 하지만 좋은 대학을 나와야 뽑힐 확률이 높아지기 때문에 공부를 잘해야 한다. 또한 로스쿨에서 살아남아 변호사가 되기 위한 과정에서도 공부를 잘해야 한다. 이런 환경들이 날 공부하게 만들고 해야 한다는 의무감을 갖게 해 준다.

4. 여행자의 공항 풍경

 텍사스 주, 코퍼스 크리스티로 떠나는 날. 공항에 도착했다. 갑작스러운 출국으로 인해 출국 당일까지도 매우 바빴다. 최근에 제주도로 마지막 가족 여행을 갔다 와서 그런지 공항의 설렘은 느껴지지 않고 경유 시간이 짧아 그 걱정뿐이었다. 짐을 부치고 가족들과 마지막으로 빙수를 먹고 게이트로 향했다. 10개월 동안 못 볼 가족들이고 마지막 인사인데도 불구하고 살짝 눈시울이 붉어질 뿐, 눈물은 나오지 않았다. 오히려 언니가 울어서 당황스럽고 신기했다. 몰래 써 둔 편지를 부모님께 드리고 진짜로 헤어졌다. 비행기를 타기 전 마지막 부모님과의 전화에서 내 편지를 보고 오열을 하셨다고 전해 들었다. 그때까지도 난 눈물이 나지 않았다. 비행기가 이륙하고 가족들이 준 편지를 하나씩 뜯어보았다. 가족들의 편지 속엔 날 사랑하는 마음이 잔뜩 묻어나 있어 비행기에서 헤어짐의 첫 눈물을 흘렸다. 너무 오랜만의 장시간 비행이라 잠을 자기도 싫었고 잠도 안 왔다. 영화 보고 밥 먹고 쪽잠을 자니 샌프란시스코에 도착했고, 휴스턴으로 향하는 비행기에서는 잠을 청했다. 휴스턴을 지나 코퍼스 크리스티에 도착했다. 교환 학생을 처음 등록한 3월부터 시작해서 많은 시간들이 주마등처럼 스쳐 지나갔다. 비행기에서 나는 현실을 직시하고 끊임없이 나에게 되물었던 것 같다. 진짜로 할 수 있겠냐고? 대답은 없었다. 이제 와서 못하겠다고 할 수도 없고 잘할 수 있다고 확신할 수도 없고 그냥 부딪쳐 보는 수밖에. 앞으로의 10

개월은 노력과 도전의 끊임없는 마라톤이 될 것이다. 마라톤을 어떻게 달리는지에 교환 학생의 운명이 달려 있다고 생각한다. 그저 처음 계획한 대로 목표를 잃지 않고 사람들의 응원과 격려 속에 꾸준히 달리다 보면 완주하는 순간이 다가올 거라고 생각한다.

할머니의 편지

"할머니가 울 수연이 많이 보고 싶을 거야. 그래도 수연이의 먼 미래를 생각해서 참고 기다릴게."

언니의 편지 中

"1년이라는 시간 동안 멋지게 성장해 있을 너를 생각하면서 하루하루 최선을 다하길 바라."

"미국 가서 값진 경험 잘하고 세상에 너 혼자

있는 것 같은 기분이 들 때 가족들이 항상 너를 응원하고 있다는 사실을 잊지마. 사랑해."

엄마의 편지 中
"수연이 많이 많이 사랑하고 항상 기쁜 일만 있겠지만 힘든 일 있으면 주저하지 말고 꼭 알려 줘야 한다."

"수연이는 당당하고 멋진 나의 딸이니까 잘 적응할 거야"

아빠의 편지 中
"수연이의 목표를 향해 (사서 고생할 수 있는?) 유학 생활을 떠나는 수연이의 도전에 박수를 보낸다."

"하늘은 스스로 돕는 자를 돕는다고 했다. 수연이의 담대한 도전에 하늘도 수연이를 도울 거라 생각해."

항상 나를 응원해 주는 가족이 있다는 사실이 참 감사하다. 처음으로 가족들과 멀리 떨어져 본 시간이었고 그 시간 동안 나는 가족의 소중함을 깨달았다. 익숙함에 속아 소중함을 잃지 말자는 말처럼 가족들과 함께 있을 때는 엄마가 맛있는 밥으로 내 아침을 깨워 주는 것은 당연했다. 또한 항상 나를 옆에서 걱정해 주고 챙겨 주는 사람이 있는 건 당연했다. 나는 익숙함에 속아 가족들이 나에게 주는 사랑은 당연하다고 생각했었다. 하지만 10개월의 유학 생활이 내 생각을 바꾸어 놓았다. 누군가가 날 챙겨 준다는 것은 가족이 아니면 불가능하다는 걸 깨달았다. 오로지 사랑의 힘으로만 가능한 것이었다. 왜 떨어져서야 알았을까 하는 후회도 들지만 지금에서라도 알아서 다행이다. 가족들에겐 사랑한다는 말로도 부족하지만, 항상 감사하고 사랑하다고 말을 전하고 싶다.

5. 풍경 에세이 - 학교

  학교라는 공간을 만난 것은 미국에 도착한 바로 다음 날이었다. 개학 날이어서 모든 친구들이 학교 종소리에 움직이고 있었다. 학교 등록을 위해 간 거라서 수업을 듣진 않았다. 그 다음 날이 됐고 정식적인 첫 등교가 시작됐다. 첫 수업은 체육이었는데 체육관이 미국 드라마에서 본 것처럼 너무 똑같아서 신기했고 새로웠다. '이제 진짜 시작이구나'라는 생각과 함께 기대와 불안이 나를 덮쳤다. 새로운 마음과 함께 1년을 후회 없이 보내야겠다고 다짐했다. 첫날의 수업은 정신없이 흘러갔다. 영어를 잘하지 못해 걱정하는 마음으로 온 미국이었지만 은근히 알아들을 수 있어서 신기했다. 하지만 한국어처럼 흘러가듯이 알아듣진 못해서 귀를 쫑긋 세우고 들어야만 했다. 내가 배정받은 텍사스라는 주는 주민들이 주에 대해 자부심이 넘쳐난다고 한다. 그래서 그런지 어딜 가든 미국 국기와 함께 걸려 있는 텍사스 국기를 볼 수 있다. 학교는 되게 자유로운 분위기 같았다. 노트북을 이용해 수업하니 더 그런 것 같다. 학교가 컸고 사람들이 많았다. 한국에선 학생들은 자리에 앉아 있고 선생님들만 움직이시는데 여긴 학생들이 움직여야 하는 점이 낯설게 느껴졌다. 오기 전까지만 해도 설레는 감정과 가벼운 불안이 내 마음을 지배했는데 현실에 부딪히니 갑자기 '사서 고생한다'라는 속담이 생각났다. 미국에 간다는 말을 주변 어른들에게 전했을 때 어른들은 대단하다, 사서 고생한다고 나에게 덕담을 전했다. 그때까지만 해도 '사서 고생한다'라는 말은 그저 흘려들었는데 이곳에서 생활해 보니 '사서 고생한다'라는 말 그 자체였다. 학교라는 공간의 첫인상은 안정감도 불안감도 가져다 주지 않았다. 그저 어색하고 익숙하지 않을 뿐이었다. 16년간 살아온 한국과는 달랐고 뭔지 모를 익숙지 않은 공기가 나를 감쌌다. 하지만 난 여기서 1년 동안 살아가야 한다. 그 결심엔 많은 사람의 지원과 나의 책임이 따른다. 아직 난 내가 이방인이라는 생각은 들지 않는다. 좋은 친구들과 좋은 호스트 가족들이 날 반겨 줘서 그런 것 같다. 평생 살 수 없다. 설령 산다고 하더라도 발전할 수는 없다. 나의 '사서 고생한' 이 도전이 이후 나에게 큰 자양분이 될 거라고 생각한다.

6. 나눔

"나눔을 실천해 본 적이 있나요?" 처음 이 질문을 받았을 때는 '배려, 도움이 아닌 진정한 의미의 나눔을 실천해 본 적이 있나?' 이런 생각이 먼저 들었다. 배려를 하거나 도움을 주긴 쉬웠지만 나눔이란 정확한 의미를 실행에 옮겨 본 적은 없는 것 같았다. 고민 도중 '굿네이버스'라는 곳이 떠올랐다. 학교에선 굿네이버스의 영상을 의무적으로 시청하게 하고, 동전 모금함을 주면서 동전을 모아 오라고 하고, 편지지를 주면서 편지를 써 오라고 한다. 어렸던 나는 누군가에게 도움이 될 수 있고, 영상으로 본 아이들은 정말 너무 불쌍해 보였기 때문에 열심히 돈을 모금해 학교에 냈다. 이게 나의 기억 속에 남은 진정한 의미의 나눔이다. 나에겐 그저 잔돈, 거스름돈, 걸리적거리는 동전일 뿐이었지만 누군가에겐 학교에 갈 수 있고, 꿈을 꿀 수 있는 환경을 가져다 줄 수 있는 돈이었다. 나에게 가장 대표적인 나눔은 부모님, 친구, 선생님으로부터 온다. '익숙함에 속아 소중함을 잃지 말자.'라는 말이 있다. 나는 이 말에 전적으로 동의한다. 인간은 망각의 동물이기 때문에 익숙해지기 시작하면 '당연히' 내 곁에 있는 사람이라고 생각하고 소중함을 잃기 마련이다. 잃게 되면 결국 후회가 시작된다. 난 부모님의 사랑을 저 한 문장으로 설명할 수 있을 것 같다. 당연시 여겼던 사랑과 배려, 도움이 언젠가 사라진다면 자각한 후에는 후회할 것이다. 부모님의 사랑은 진실된 마음에서 나온 나눔이었다. 의식주의 해결부터 정신적, 경제

적 지원으로 인해 지금의 내가 될 수 있었다. 부모님의 나눔으로 인해 성장할 수 있었다. 친구들의 우정은 나에게 행복이 됐다. 즐거운 웃음 가득한 이야기가 내게 다가와 행복이 됐다. 선생님의 가르침은 내게 다가와 앞길을 나아갈 수 있는 자양분이 됐다. 이 자양분이 내게 앞을 나아갈 수 있는 용기가 됐다. 이런 나눔을 통해 비로소 현재의 내가 됐다. 나눔은 오히려 내가 자각하지 못하는 새에 주고받는다. 나에겐 그저 잔돈이었지만 누군가에게 학교에 갈 수 있고, 생계를 이어갈 수 있는 돈이 되는 것처럼 말이다. 나눔이란 키워드가 어렵게 느껴졌지만 나눔 한 조각 한 조각 머릿속에서 꺼내 보니 되게 간단하고 쉽고 언제든지 가능한 거였다. 이런 나눔이 단어 의미 그대로 따뜻하게만 남아 있길 바란다.

7. 루틴의 힘

 월요일 7시 20분에 일어나서 느긋하게 학교 갈 준비를 한다. 호스트 맘이 준비해 주신 아침을 먹고 차를 타고 학교에 간다. 학교가 굉장히 가깝기 때문에 차가 안 막힌다면 3분에서 5분 거리지만 아침 등교 시간엔 차가 많이 막혀서 보통 10분 정도 걸린다. 8시 30분부터 1교시가 시작된다. 1학기 때는 1교시부터 8교시까지 있었지만 소프트볼을 못 하게 되는 바람에 내 시간표는 7교시까지다. 2학기 시간표는 스피치, 화학, 영어, 수학, 사회학, 미국사이다. 수업 시간 50

분, 쉬는 시간 5분, 점심시간 30분이다. 3시 30분에 학교가 끝난다. 학교에서 보내는 일상은 거의 비슷하다. 학교에 등교해 수업을 듣고 친구들이랑 놀고 점심을 먹는 게 반복된다. 집에 가면 바로 잠옷으로 갈아입고 간단한 간식을 먹고 약 1시간 정도 잔다. 일어나선 오늘 해야 하는 일들을 한다. 다음 날 학교에 과제가 있다면 과제를 하고 시험이 있다면 시험공부를 한다. 7~8시쯤에 저녁을 먹는다. 호스트 맘이랑 같이 먹을 때도 있고 때론 나 혼자 먹을 때도 있다. 밥 먹고 좀 쉬다가 바로 샤워를 한다. 보통 11시쯤이면 하루 할 일을 다 끝내고 침대에 눕는다. 넷플릭스나 유튜브를 보다가 12시쯤 잠에 든다. 금요일 풋볼 경기가 있는 날엔 친구들이랑 풋볼 경기를 보러 간다. 가끔 아무것도 없는 날엔 밖에 나가서 운동을 하거나 근처 공원에 가서 노을을 보며 누워 있기도 한다. 하루하루 반복된 일상을 보내다 보면 주말이 찾아온다. 토요일엔 청소를 한다. 늦잠을 자다가 일어나서 점심을 먹고 빨래를 돌리고 방 청소를 한다. 청소를 다하면 저녁 시간이라서 호스트 맘과 저녁을 먹고 넷플릭스나 유튜브를 본다. 하지만 토요일에 약속이 있으면 청소를 일요일에 하기도 한다. 일요일엔 보통 호스트 맘과 함께 마트에 장을 보러 간다. 운동을 가기도 하고 공원에 갈 때도 있다. 약속이 있으면 친구와 만나서 논다. 반복되는 일상으로 가득 찬 나의 1주일은 이렇게 끝난다. 가끔 반복되는 일상에 지치면 루틴에서 벗어나고 싶을 때도 있다. 또한 지금은 절대 다시 오지 않기 때문에 하루하루를 항상 소중하게 보내고 싶다가도 가끔은 하루를 버리고 싶은 날도 있다. 루틴은 나에게 해야 한다는 의무감을 들게 해 주기 때문에 순간순간을 소중하게 여길 수 있도록 도와준다. 루틴대로 할 일을 하다 보면 일에서 오는 피로감이 덜 들고 루틴에 맞춘 생활을 했을 때 오는 성취감도 크다.

8. 오미크론

　오미크론에 걸려버렸다. 어떤 경로에서 걸린 건지 모르겠지만, 아마 학교에서 걸린 것 같다. 갑자기 목이 너무 따끔했고, 기침까지 심해졌다. 감기 증상과 비슷한 줄 알고 약 먹고 한숨 잤더니 몸이 괜찮아졌다. 하지만 다음날 학교에 가서 고글을 끼고 실험을 하는데 너무 몸이 안 좋아서 조퇴를 하고 병원에 갔다. 코로나 검사를 했는데, 결과는 오미크론 양성이었다. 7일 격리가 시작됐다. 약국에 가서 약을 받고, 문자로 6가지의 알약을 추가 구매하라고 해서 인터넷으로 구매했다. 집에 오자마자 간단히 씻고, 서브웨이 샌드위치를 먹으며, 가족들에게 오미크론에 걸린 사실을 알리고, 지역 관리자와 통화했다. 나로 인해 큰 오빠와, 엄마가 1주일 동안 직장에 나가지 못하기 때문에 그에 맞는 보상이 필요하다는 지역 관리자의 말대로 기프티콘을 보냈다. 나는 워낙 집순이기 때문에 전혀 답답함을 못 느꼈다. 오히려 하루 종일 방에서 혼자만의 시간을 즐길 수 있어서 신났다. 하지만 가끔은 부엌에 가서 음식도 먹고 싶고, 거실에서 티비도 보고 싶고, 창문을 보면서 산책하고 싶다는 생각이 들긴 했다. 혼자 방에서 전자책도 읽고, 넷플릭스와 유튜브를 몰아봤다. 그러면서 밤낮이 바뀌어 버렸다. 내 방 앞에 책상을 두고 호스트 맘이 식사 시간마다 밥을 해주시고, 책상 앞에 놔주셨다. 항상 밥을 챙겨주셔서 너무 감사했다. 할아버지도 가끔씩 맥도날드를 사와서 내 방 앞에 놔두고 가셨다. 나를 계속 챙겨주시는 분이 계셔서 너무 감사했다. 일주일 격리 기간 동안 별로 아프지 않았다. 증상은 목이 아프고 기침하고 그게 다였다. 하지만 말을 오래 하다 보면 갑자기 목이 잠기고 기침이 많이 나서 말은 많이 하지 못했다. 오미크론에 걸렸던 기간 동안 놀고 쉬고 밥 먹기가 다였다. 2주만에 간 학교는 재밌었지만, 과제와 시험이 겹쳐서 다른 2주 동안은 밀린 과제하느라 힘들었다. 2주는 아팠고, 다른 2주는 과제하느라 힘든 한 달을 보냈다. 그래도 한 달을 잘 마무리한 것 같아 뿌듯했다.

9. 수집

  나는 한 가지에 꽂히면 끝을 보는 성격이다. 초등학교 땐 당시 유행하던 액체 괴물과 미니어처에 꽂혀 관련된 모든 물건을 구매해 열심히 취미 생활을 즐겼다. 심지어 미니어처에 관련된 재료들은 워낙 많아서 보관을 위해 보관 통까지 구매했다. 하지만 나는 끝을 보고 질리기 시작하면 다신 쳐다보지 않는다. 그럼 그 많은 물건들을 다 버려야 하기 때문에 돈 낭비라는 생각이 들어 점차 취미에 관련한 물건들은 사지 않기 시작했다.

그대신 나는 추억을 모으기 시작했다. 돈을 낭비하지 않고 추억 그대로 고이 간직할 수 있는 건 사진뿐이라고 생각한다. 그래서 난 사진을 모으기 시작했다. 지나가다 본 예쁜 것, 예쁜 하늘, 예쁜 배경, 예쁜 사람들을 찍고 친구들과의 추억, 가족들과의 추억, 지금 내 감정, 지금 내 모습, 풍경, 노을, 하늘, 음식 등 내가 간직하고 싶은 모든 것들을 다 찍었다. 지금 현재의 내 상태와 내 감정, 내가 보고 있는 것들을 그대로 간직하고 싶었기 때문이다. 많은 추억들 속엔 감정이 담긴다. 그 감정을 사진으로 대신할 순 없을 땐 동영상을 남긴다. 사진과 동영상이 나를 그 추억 속으로 다시 데려가 줄 순 없지만 그래도 그 감정을 느낄 순 있다. 가끔 사진들을 보며 추억을 상기시키는 시간들이 나에겐 너무 소중하고 행복하다.

미국에서 유독 더 많은 관심을 갖고 모으기 시

작한 건 사진이다. 더 많은 사진을 찍어 더 많은 추억을 간직하려 한다. 미국에선 정해진 시간과 새로운 장소가 있기 때문에 항상 더 새롭고 더 소중한 시간들이 된다. 그 순간을 즐기는 것에 방해가 되지 않을 정도로만 사진을 찍어 추억을 수집한다.

10. 버티기로 한판승

 인생은 항상 기다림의 연속이었는데 새로운 '존버'라는 단어의 탄생으로 기다림의 행동이 마치 정말 대단한 행동이 된 것만 같다. 급식을 받기 위해 줄을 기다리는 것도 일종의 존버라고 할 수 있다. 줄이 긴 맛집 앞에서 존버했더니 맛있는 음식을 먹을 수 있는 것처럼 긴 줄을 보고 포기하고 먹지 않았다면 그 맛을 느끼지 못했을 것이다. 존버란 이런 것이다. 선택지가 기다림과 포기가 있으면 기다림을 선택하는 것이다. 하지만 그 기다림을 선택했을 때 결과는 대박과 쪽박이 있다. 대박의 결과가 나온다면 원하던 결과를 성취한 거지만 쪽박의 결과가 나온다면 그저 기다린 시간이 아까워져 기다림의 선택 앞에선 항상 망설이게 된다.

 기다림의 결과에서 대박을 친 경우는 물건을 구매하려고 했는데 재고가 없어 존버를 했더니 재고가 들어와 구매를 한 경우가 있다. 처음으로 배정된 지역은 치안이 좋지 않아서 고민 끝에 취소했는데, 운 좋게도 더 좋은 도시로 바로 배정이 났다. 배정을 취소하면 학기가 시작하고 배정이 날 수 있다는 걱정과는 다르게 존버했더니 너무 좋은 방향으로 대박이 났다.

 기다림의 결과 끝엔 이런 대박의 결과만 있으면 좋으련만 인생은 그렇게 호락호락하지 않았다. 단맛이 있으면 쓴맛도 있듯이 기다림 끝에 쪽박의 결과만 맛본 적도 있다. 좋아하는 아이돌

뮤지컬 티켓팅에서 항상 존버를 하라고 해서 그 말만 믿고 티켓창을 열고 존버를 했지만 결국 1분 만에 매진이 돼서 구매를 하지 못했다. 기다림 이후엔 그 보상의 대가로 대박만 있길 바란다.

11. 홈커밍데이

홈커밍 퍼레이드 이후 그 주 토요일에 홈커밍을 했다. 홈커밍은 학교에서 혹은 학교가 파티홀을 빌려서 진행한다. 우리 학교는 지역 타운에 있는 큰 홀을 빌려서 했다. 티켓은 25$로 약간 비싼 편에 속했다. 홈커밍엔 여자는 드레스를, 남자는 슈트를 입고 가야 한다. 나는 주말에 몰에 가서 홈커밍에 입을 드레스와 구두, 목걸이까지 샀다. 홈커밍은 하이틴 영화의 소재로 많이 쓰이고, 영화에서만 봤던 홈커밍을 나도 간다니 뭔가 신기했다. 영화 속에선 멋진 파티 장면

이 많이 연출됐기에 약간의 환상을 가지고 있었다. 홈커밍 전엔 홈커밍 프러포즈를 한다. 사귀는 사이에서도 하고 사귀지 않아도 자신의 마음을 고백하는 사람도 있다. 보통 남자가 여자에게 포스터를 보여 주면서 홈커밍 프러포즈를 한다. 하지만 현실에선 서로 사귀는 커플만 홈커밍 프러포즈를 하고 오히려 친구들끼리 가는 경우가 더 많았다. 나도 친구랑 같이 가기로 했다. 홈커밍은 저녁 8시부터 시작해서 보통 파티 시작 전에 미리 집 앞에 가서 사진도 찍고 밥도 먹는다. 하지만 우리는 사진과 밥은 각자 해결하고 준비하는 데 시간을 더 쏟기로 하고 시작 3시간 전부터 준비를 시작했다. 너무 빨리 준비를 시작했다고 생각했는데 화장도 공들여 하고 머리도 하고 드레스도 입으니 시간이 정말 빨리 갔다. 친구가 도착해서 같이 차를 타고 파티장으로 향했다. 타운에 오랜만에 가니까 너무 좋았다. 서울에선 시골에서 살아 보고 싶다는 생각을 자주 했었는데 정말 시골에 사니 도시가 너무 그리웠다. 이렇게라도 타운에 와서 되게 신나고 너무 좋았다. 파티장에 들어가니 줄이 꽤 길었다. 줄 앞에선 학생 ID 카드와 티켓 그리고 드레스 길이까지 검사했다. 드디어 파티장에 입장해 친구들과 테이블에 짐만 내려놓고 스테이지로 향했다. 스테이지에선 신나는 노래에 맞춰 즐겁게 춤을 췄다. 난 이날 힐을 처음 신어 봤다. 굽이 5cm 정도 되는 힐이었는데 정말 걷기가 너무너무 힘들었다. 심지어 처음 신은 날에 방방 뛰면서 춤까지 추니, 발이 남아날 수가 없었다. 그럼에도 불구하고, 너무 신나서 아픈지도 까먹고 계속 뛰었다. 조그마한 스테이지에 다 모여 춤을 추려고 하니 정말 좁아서 발을 밟는 건 너무 흔한 일이었다. 매점에 갔는데 물 하나에 4$이었다. 하지만 너무 목이 말랐기에 어쩔 수 없이 사서 먹었다. 남는 건 사진 뿐이기에 사진도 많이 찍었다. 다시 스테이지로 가서 신나게 놀았다. 이런 큰 파티가 처음이라서 더 신나고 재밌었다. 그러다 보니 3시간이 훌쩍 지나 11시가 되어서 집에 갈 시간이 됐다. 파티장을 나와 친구 차를 타고 이제 긴장도 풀렸겠다 배가 고파서 햄버거를 사서 집에 갔다. 재밌지만 살짝 힘들었던 홈커밍 파티가 끝났다. 예쁜 사진도 잔뜩 찍고 햄버거도 먹고, 돌아오자마자 씻고 잤다.

고등학교에서 이런 파티를 직접 주최하는 게 정말 신선한 충격이다. 공부가 아닌 학생들의 자유와 즐거움을 우선시해 주는 것 같아서 매일 이런 파티는 힘들겠지만 가끔가다 있는 이런 큰 파티는 기분 전환도 되고 친구들 간의 친목도 쌓을 수 있는 좋은 기회라고 생각한다.

12. 시간표

 1학기 과목은 미국사, 화학, 영어, 수학, 심리학, 영화 기술, 소프트볼이었다. 가장 재밌었던 건 소프트볼이었다. 들어본 적도 없는 소프트볼을 내가 플레이할 수 있었던 점이 신기하고 재밌었다. 한 분 빼놓을 거 없이 전 과목 선생님이 다 너무 좋았다. 심지어 학교 일을 책임지시는 모든 분들이 다 친절하셨다. 그중 난 심리학이라는 과목이 너무 좋았다. 항상 심리학이라는 학문에 관심이 많아서 선택한 과목이었는데 과목과 더불어 선생님이 너무 좋았다. 친절함을 넘어서 미국

땅에서 '정'이라는 것을 느낄 정도였다. 너무 피곤한 상태에서 과제 제출하러 선생님을 찾아갔었는데 너무 환한 미소로 반겨 주는 선생님의 모습이 나에게 피로 회복제가 되었다. 또한 심리학 책을 읽으면서 사람들의 심리가 약간이라도 이해가 돼서 너무 재밌었다. 겨울 방학이 시작됐을 때 1학기를 잘 끝냈다는 홀가분한 기분도 들었지만 벌써 내 유학 생활 10개월 중에 5개월이 지나갔다는 아쉬움과 하지 못한 일들에 대한 후회가 남았다. 다양한 감정이 나에게 다가오려고 할 즘에 겨울 방학이 끝나 버렸다. 다시 간 학교는 여전히 새롭고 재밌었다. 새로운 시간표에선 스피치 빼곤 다 똑같은 선생님이다. 이번엔 사회학을 선택했는데 심리학 선생님과 같은 선생님이라 너무 좋았다. 지금까지 사회학을 들어 보니까 난 심리학보다 사회학이 더 잘 맞는다는 생각이 들었고 내가 궁금했던 것들을 사회학을 공부하면서 답을 얻을 수 있었다.

13. 소프트볼 try out

    소프트볼 트라이아웃엔 정말 많은 감정을 담고 있었다. 꼭 선수로 뛰고 싶은 간절함, 힘듦, 부담 그리고 항상 희망을 가지고 임하는 편이라 할 수 있을 거라는 자신감과 함께 시작했다. 첫날 트라이아웃엔 캐치 연습을 했다. 난 항상 캐치에 약해서 큰 기대를 하지 않았다. 다만 약간의 아쉬움이 있을 뿐이었다. 호스트 가족이 아니라 진짜 내 가족과 함께 있었더라면 집에서도 연습할 수 있었을 텐데 하는 아쉬움. 그래도 나는 소프트볼을 시작한 지 4개월밖에 안 됐고 이 정도면 잘하지 하면서 날 위로했다. 하지만 그날 저녁부터 몸이 계속 아파서 다음날 트라이아웃엔 가지 못했다. 이건 내 계획에 없었던 일이다. 나는 무조건 가는 걸로 전제를 하고 선수로 뽑히진 못하더라도 잘하고 싶었던 마음뿐이었다. 처음엔 아쉽기도 하고 속상하기도 했지만 내 실력으론 선수로 뛸 수 없다는 걸 알고 있었기 때문에 체념했다. 결과도 중요하지만 경험에서 많은 걸 배웠기 때문에 전혀 아쉽지 않다.

14. 미국의 장례

  호스트 맘 아버지가 돌아가셨다. 미국에 있는 동안에 날 정말 많이 챙겨 주시고 도와주셨다. 정말 할아버지 같은 푸근함을 먼 타지에서도 느낄 수 있게 해 주셨다. 갑자기 쓰러지셔서 병원에 입원하셨고 그 길로 돌아가셨다. 돌아가시고 나서 약 1주일 후에 교회에서 장례식이 진행됐다. 9시부터 11시까지 2시간 동안 장례식을 진행했다. 교회에 들어가니 관이 놓여 있었고 그 안에 인자한 미소를 지으신 할아버지를 봤다. 한국에선 가족들에게만 보여 주지만 미국에선 누구나 볼 수 있었다. 장례식이 시작됐고 흰 천과 십자가로 덮인 관을 목사님들과 정장을 입은 사람들이 옮겼다. 그러고는 할아버지의 일생을 목사님이 읽어 주시고 할아버지를 위한 찬송도 부르고 기도도 했다. 화려하지 않고 간소하고 간단하게 진행되었다. 2시간 동안 고인을 추모하는데 아무도 울지 않았다. 아무도 울지 않는 분위기에 문화 차이를 느꼈다. 한국에서 경험해 본 장례식은 삼일장을 치르고 조문객들에게 음식을 대접하고 굉장히 침울한 분위기였는데 정말 달랐다. 찾아보니 장례식을 진행하는데 까다로운 절차를 거치기 때문에 돌연사인 경우 장례식까지 한 달이 소요되기도 한다고 했다. 장례식이 끝나고 관이 성조기로 덮였고 관이 들어갈 수 있는 큰 차로 관이 옮겨졌다. 그 이후 다들 차를 타고 각자 집으로 돌아갔다.

15. 매직 크림

  스피치 시간에 선생님께서 그룹 광고 과제를 내주셨다. 광고할 물건을 만들고, 물건을 설명하는 피피티를 만들고, 포스터를 만들고, 광고까지 만들어야 하는 난이도가 있는 과제였다. 그룹은 친한 친구들 5명이서 팀을 구성했고, 무슨 물건을 할까? 아이디어 있어?라고 물어보다가 한 친구가 매직크림 어때? 모든 것을 다 고칠 수 있는 크림이라는 의견을 제시해서, 미래에 기술이 발전된다면 꼭 나오길 바라는 것이고, 한 번쯤은 상상해 봤을 소재여서 '매직크림'을 만들기로 했

다. 처음엔 피피티를 만들었다. 템플릿을 만들고, 로고를 만들고, 그에 맞는 설명을 써 내려갔다. 피피티는 제품 설명, 만든 이유, 연령 타깃층, 어디서 파는지 등으로 구성했다. 구글 피피티로 그룹 구성원들과 공유해서 각자가 설명을 쓰면서 만들었다. 그 후엔 포스터를 만들었다. 매직 크림을 광고하는 전단지처럼 만들었다. 광고는 같이 아파하다가 매직 크림을 발랐더니 나아지는 모습으로 찍었다. 영상을 찍고, 편집도 하고, 로고송도 만들었다. 로고송은 다 함께 매직크림~ 매직크림~이렇게 노래를 불렀다. 발표는 5명이 돌아가면서 피피티를 읽었고 그 후에 우리가 만든 광고를 보았다. 발표를 향해 박수를 받았고, 우리는 긴 프로젝트가 드디어 끝나 뿌듯하고, 홀가분했다.

16. 외국인 친구 사귀기

　새로움에는 설렘과 떨림, 두려움이 공존한다. 한국에서 맞는 새 학년과 새 학기도 나에게 설렘과 떨림, 두려움을 주는데 미국에서 맞는 새 학년과 새 학기는 더욱 그러했다. 미국 학교와 한국 학교의 가장 큰 차이점은 반의 유무이다. 한국엔 '반'이 존재한다. 같은 반은 항상 함께 움직인다. 한자리에 앉아서 항상 같은 반 아이들과 함께 같은 수업을 듣고, 밥을 먹고, 같은 선생님에게서 배움을 얻는다. 학교에 있는 순간만큼은 항상 같은 반 아이들과 함께 있으면서 자연스레 친해지게 된다. 반면에 미국엔 반이 존재하지 않는다. 본인이 원하는 수업을 선택해서 듣기 때문에 모든 학생들의 시간표가다르고 반도 달라 다른 수업에서 다른 친구들을 만난다. 한국에선 항상 함께 있으면서 별다른 노력을 하지 않아도 자연스레 친해지는 반면에 미국에선 항상 다른 수업을 듣기 때문에 친구를 사귀는 노력을 해야 한다. 심지어는 외국인 친구를 사귀는 것이기 때문에 언어의 장벽, 문화 차이를 무시할 수가 없다는 어려움이 있다. 하지만 유창한 영어 실력이 아니더라도 친구를 사귈 수 있다. 물론 처음엔 의사소통에 문제가 있었지만 시간이 지날수록 영어 실력이 늘면서 의사소통의 문제는 많이 사라졌다. 친해지고 싶은 친구에게 먼저 다가가 친해지는 것은 생각보다 어렵지 않았다. 처음 미국으로 향할 때는 내 속 얘기를 다 터놓을 수 있는 진정한 친구를 사귀진 못할 거라고 생각했다. 이유는 단지 10개월밖에 있지 않고 다 새롭게 만나는 친구들이기 때문이었다. 하지만 내 예상을 완전히 깨버렸다. 시간표가 달라서 학교에서 같이 있을 수 있는 시간은 별로 없었어도 진지한 얘기, 재밌는 얘기를 많이 할 수 있었다. 애슐리는 나랑 가장 친한 친구이다. 4교시 수학을 함께 들어서 알게 됐고 내가 미국에 있는 동안 정말 많이 도와줬다. 진정한 친구를 사귈 수 없을 것이라고 했던 생각을 완전히 바꿔 놓은 친구 중 한 명이다. 서로의 일상에 대해 얘기하면서 노는 게 편하고 재밌다. 아모라와는 미국에서 처음으로 사귄 친구다. 학기 초에 3교시를 잠깐 같이 들어서 친해지게 됐다. 집도 같은 방향이라서 가끔 호스트 맘이 학교에 못 데려다주면 아모라가 데려다주곤 했다. 같이 풋볼 게임도 보고 밥도 먹고 함께 있으면 재밌다. 생각보다 언어의 장벽과 문화 차이는 친구를 사귀는 데 별로 문제가 되지 않았다. 그저 함께 있으면 즐겁고 행복하면 그게 바로 친구라고 생각한다.

17. 세계 음식 페스티벌

 호스트 맘이 토요일에 교회에서 세계 음식 페스티벌이 열린다고 하셨다. 한국 음식이 있는데 안 갈 이유가 없었다. 호스트 맘은 일이 늦게 끝날 거라고 하셔서 혼자 걸어가기로 했다. 하지만 역시 미국에서는 차가 없이 움직일 수가 없었다. 원래 교회를 다니지도 않았고 가끔 차 타고 지나가다 본 게 다였는데 가까운 거리라 착각하고 걸어갔다. 호기롭게 나왔지만 더운 날씨에 잘 알지도 못하는 길을 걷는 건 힘들었다. 차로는 5분 거리지만 거의 20~30분을 걸어서 도착했다. 이미 힘이 다 빠졌지만 그래도 매표소에서 2만 원어치 티켓을 사고 음식을 파는 곳으로 들어갔다. 정말 세계 다양한 나라의 음식을 팔고 있었다. 한국,필리핀,이탈리아,베트남,멕시코 음식 그리고 디저트까지 있었다. 당연히 한국 음식 코너로 갔더니 한국 할머니분들께서 음식을 팔고 계셨다. 음식 종류는 볶음밥, 간장찜닭, 잡채, 핫도그가 있었다. 모든 메뉴가 다 맛있었다. 오랜만에 느껴 보는 한국의 손맛이었다. 그리고 다른 나라 사람들에게도 한국 음식의 인기가 좋아 뿌듯했다. 그 다음엔 멕시코 음식인 타코를 먹었다. 항상 크런치 타코만 먹다가 처음으로 소프트 타코를 먹어 봤는데 특유의 부드러운 맛이 좋았다. 밖에 나왔더니 멕시코의 전통 춤을 추는 공연을 하고 있었다. 처음 보는 문화라 신기했다. 다양한 나라에서 온 사람들이 파는 다양한 나라의 음식을 먹어 보고 다른 문화도 체험해 봐서 신기했다.

18. 나를 사로잡은 인물, 오프라 윈프리

나를 사로잡은 인물은 오프라 윈프리다. 그 이유는 초등학교 때 오프라 윈프리의 위인전 만화를 읽었는데, 불우한 어린시절에도 불구하고 2013년 경제지 포브스에서 세계에서 가장 영향력 있는 유명 인사 100인에 선정된 사람이기 때문이다. 무심코 읽은 오프라 윈프리의 위인전은 내게 꿈을 심어주었다. 불우한 어린 시절에서 성공한 사람이 된 게 멋있었고, 오프라 윈프리처럼 '위대한 사람이 되는 것'이 내 꿈이 되었다.

오프라 윈프리는 한 라디오의 진행자가 됐는데, 본인의 의견을 너무 많이 표출한다는 이유로 해고됐다. 그 후 가장 시청률이 낮은 한 토크쇼의 진행을 맞게 됐다. 얼마 지나지 않아 동시간대 시청률 1위로 자리매김하고, 지금의 오프라 윈프리 쇼가 됐다. 쇼에는 수많은 유명인들이 나온다, 연예인 스포츠인 그리고 정치인 심지어는 대통령까지 출연했다. 오프라 윈프리의 성공 스토리가, 나에겐 영향력 있는 사람이 되어 우리나라 법에 큰 이바지를 할 수 있는 사람이 되고 싶다는 꿈을 심어주었고, 멋있는 사람이 되고 싶다는 목표를 심어주었다, 그 목표 달성을 위해 나는 노력 중이다.

19. 마트

  호스트 맘과 오랜만에 마트에 갔다. 한동안 배달 음식에 빠져 마트를 가지 않았었다. 또한 마트에선 카트에 음식을 필요한 것만 담았다고 생각했는데 나중에 보면 십만 원씩 쓰는 일이 다분해서, 마트에 잘 가지 않았던 것도 있다.

  나는 과일을 정말 좋아하기 때문에 복숭아가 있는 걸 보고 바로 집어왔다. 하지만 하나에 약 $4이라는 정말 사악한 가격이지만 맛있다.

미국에선 싼 과일은 엄청 싸지만 비싼 과일은 정말 비싸다. 바나나가 한 송이에 고작 47센트라는 1불도 안 하는 가격에 정말 놀랐다. 지역마다 다르겠지만 내가 있는 지역엔 대표적으로 오렌지와 바나나가 싼 것 같다.

미국 마트엔 신라면과 불닭 볶음면 외에도 한국에선 볼 수 없었던 신라면 순한 맛, 뚝불 우동도 있다. 심지어 김치도 있다, 스킨케어 제품은 한국어로 써 있는 제품들도 흔히 볼 수 있다.

미국에선 일회용품을 정말 많이 쓴다. 우리나라에선 일회용 접시나 컵들은 보통 사람이 많이 오는 곳에서만 사용하지만, 미국에선 일회용 접시, 컵, 스푼까지 다 일회용이다. 심지어 분리수거도 안 하고 음식을 먹은 다음엔 음식물 쓰레기가 있더라도 다 함께 쓰레기통에 버린다.
편리하긴 해도 환경을 생각하면 정말 좋지 않

은 행동이다.

  미국은 고기가 정말 싸다. 소고기 큰 덩이가 3개나 있는데도 $21밖에 안 한다.

  한국 음식을 꽤 많이 찾아볼 수 있다, 메로나도 있고, 만두, 불고기, 김치전까지 냉동 음식으로 나와 전자레인지에 돌려먹기만 하면 돼서 아주 편리하다. 하지만 가격은 약간 비싸다.

  하겐다즈는 한국보다 미국이 훨씬 싸다.

  미국에는 이런 간편 음식들이 정말 많다. 사진에는 연어와 다른 음식들이 들어있고 약 $8밖에 안 한다. 매우 간편하게 전자레인지 넣어 돌리면 조리 끝이다. 이 외에도 고기가 들어있는 것도 많다. 미국 마트를 둘러보면 왜 미국 냉동 음식이 매우 발전했는지 알 수 있다.

사진에는 간편하게 전자레인지로 조리해 먹을수있는스테이크가있다.

20. 눈

   눈에 대한 기억은 행복한 기억밖에 없는 것 같다. 나쁜 기억들은 머릿속에서 지워버렸을 지도 모른다. 내가 눈을 좋아하는 이유는 예쁘고, 그 예쁨으로 힘들었던 기억도 예쁜 추억으로 바꿔주기 때문이다, 그래도 가장 좋아하는 이유는 눈엔 설렘이 담겨있기 때문이다. 눈은 항상 설레지만 그중 첫눈이 온다는 그 '소식'이 제일 설렌다. 슬금 슬금 추운 겨울이 다가오면 항상 첫눈 소식을 알려준다. 그 소식은 겨울의 설렘을 배로 만들어준다. 눈이 오는 날엔 항상 눈사람을 만들

고, 눈에 홀려 사진을 잔뜩 찍고, 가끔은 눈싸움을 하기도 한다.

 가장 기억나는 눈은, 올해 초엔 유독 눈이 엄청 많이 왔었다. 하지만 독서실에 갇혀 공부를 하고 있었기 때문에 밖에 눈이 오는지 전혀 알 수가 없었다. 갑자기, 밖에 눈이 온다는 전화가 걸려왔다. 너무 설레는 마음에 바로 옷을 입고 나갔다. 펑펑 내리는 눈과 반짝이는 조명들 너무 예쁜 순간이었다. 이 순간을 좀 더 즐기기 위해 편의점에 가서 따스한 핫초코와 함께 눈이 오는 그림 같은 순간을 즐겼다. 그 눈은 장시간 공부에 지쳤던 나에게, 위로와 다시 시작할 수 있는 의지를 북돋아 주었다. 몇 시간이 지나도 눈은 그치지 않았었다. 가장 편한 복장으로 독서실을 가기 때문에, 슬리퍼를 신고 있었다. 눈이 소복이 쌓인 곳에서 맨발에 슬리퍼만 신은 채로 느낀 눈은 정말 차가웠다. 또 다른 기억은 눈이 펑펑

오는 날 밤 12시에 엄마랑 나와서 눈싸움을 했다. 그리다가 넘어져서 안경이 부러질 뻔했다.

나는 눈이 오면 되게 노곤노곤한 기분이 든다. 방금까지는 아무렇지 않다가도 갑자기 피곤해지면서 집에 가고 싶어지는 기분이 든다. 따뜻한 집에서 겨울이 담긴 영화와 함께 따뜻한 음식을 먹고 싶어진다. 그러다 맞은편 창문에 보이는 눈을 보면 추운 겨울에 역설적이게 더 따뜻한 밤이 된다. 눈 자체도 너무 좋지만 눈에 담긴 추억들과 눈이 오는 분위기를 더 좋아했을지도 모른다.

눈에는 행복한 추억들이 가득하다. 그만큼 눈은 설레고 첫눈을 더 설렌다. 또한 겨울만 되면 여러 곳곳에서 크리스마스 전구를 달고, 트리를 설치한다. 매년 보는 불빛과, 트리지만 매년 너무 예쁘고 설치만 되면 항상 사진을 찍는다. 눈과 함께 담기는 사진들엔 감성과 추억이 함께 담겨 더 소중하다.

21. 세 자매

가족이라는
떼어낼 수 없는 숙명
원치 않은 삶일지도 모르지만
자신이 선택한 태어남은 아닐지도 모르지만,
어쩔 수 없는 숙명

다른 배에서 나온 세자매
첫째는 항상 미안해하고,
둘째는 항상 잘 사는 척을 하고
셋째는 항상 하소연만 한다.

세자매 모두 무슨 일이 있더라도
안 그런 척, 괜찮은 '척'을 할 뿐이다
정상처럼만, 무난하게만, 다른 사람만큼만
'정상'의 기준은 대체 누구일까?
범주 안에 들어가야만 하는 걸까?
이젠 '척'을 하기엔 모두 지쳤다.
어려움을 숨기기에만 급했던 세자매가,
과거에 남아 있는 슬픔과 고통을 드러냈다.

마지막 장면 바닷가에서도
첫째는 계속 미안해하지만
둘째, 셋째가 지지대가 되어준다,
힘든 일이 없는 사람은 없다.
그저 견디는 것일 뿐이다.

여행이라 괜찮아

22. 콜로라도 여행기

1일 (10/29)

콜로라도의 여행은 홈스테이 엄마에게 가족들과 더 많은 시간을 보내고 싶다고 내 마음을 진실하게 말한 날부터 시작됐다. 그 후 갑자기 문자로 비행기 시간을 보내 주시면서 콜로라도에 가고 싶다면 이 시간에 비행기를 예매하라고 하셨다. 부모님께 말해 바로 예매를 하고 설레는 마음으로 여행 가는 날을 기다렸다.

드디어 여행 당일이 되었다. 아침 7시 비행기였기 때문에 4시에 일어났다. 너무 이른 시각이고 피곤이 가시지 않아 여행 가는 날의 설렘은 느껴지지 않았다. 일어나 준비를 하고 아침을 간단히 먹었다. 작은 오빠가 공항까지 태워다 줬다. 콜로라도에 도착하기 전 휴스턴에서 한 번 경유를 해야 하는 비행기 일정이었다. 공항에서 짐 수속을 다 마치고 비행기에 탑승을 기다리면서 자지 않기 위해 핸드폰을 하면서 기다렸다.

코퍼스크리스티에서 휴스턴으로 가는 비행기에 타자마자 바로 잠들었다. 일어나 보니 휴스턴이었다. 잠을 자서인지 설렘이 커서인지 더는 졸리지 않았다. 경유 시간까지 1시간 반 정도의 시간이 있어서 공항에 있는 햄버거 가게에서 아침을 먹었다.

다시 휴스턴에서 콜로라도까지 가는 비행기에

탑승했고 3시간이 걸려 도착했다. 공항을 나서 마스크를 벗고 마신 콜로라도의 공기는 정말 시원하고 상쾌했다, 콜로라도는 텍사스보다는 추웠지만 내가 너무 좋아하는 가을 날씨였다.

호스트 맘 친구분께서 콜로라도에 살고 계셨기 때문에 이번 여행은 친구분과 그 친구 남편분에게 다 맡겨 진행되었다. 남편분은 이미 은퇴를 하셨고 친구분은 집에서 몸이 불편하신 분들을 돕는 일을 하고 계셨기 때문에 남편분께서 공항 픽업을 오셨다.

친구분 집을 잠깐 들렀는데 집 앞에서 본 단풍나무가 정말 예뻤다. 그 후 엄청 큰 아시안 마트에 가서 집에서도 먹을 수 있게 한국 음식을 잔뜩 샀다. 마트가 커서인지 집 근처에 있는 아시안 마켓에 없는 음식들도 많아 신나게 골랐다. 그 이후엔 배가 너무 고파 점심을 먹으러 'Red Robin'이라는 햄버거 가게에 갔다. 나는 처음 음식점을 가면 항상 그 가게의 시그니처 메뉴를 시키는 편이다. 잘 모르는 가게에선 실패 확률도 낮고 그 가게의 음식 스타일을 파악할 수 있기 때문이다. 애피타이저로 어니언링을 먹고 햄버거 세트와 셰이크까지 먹으려니 너무 양이 많았지만 맛있어서 거의 남기지 않고 정말 맛있게 먹었다.

숙소에 가서 짐을 풀고 너무 피곤해서 잠깐 눈을 붙였는데 일어나 보니 2시간이 지나서 저녁 먹을 시간이 되었다. 호스트 맘 친구분도 일이 끝나서 다 함께 타이 음식점으로 향했다. 타이 음식을 처음 먹어봤는데 그럭저럭 맛있었다. 그중 '타이티'라고 주신 티가 있는데 공차에서 파는 블랙 밀크티와 정말 흡사해 맛있었다.

2일(10/30)

　호텔에서 조식을 먹기 위해 7시 40분에 기상했다. 시리얼, 빵, 와플, 타코, 오트밀 등 다양한 메뉴가 있어 다양하게 아침을 즐길 수 있었고, 그뿐만 아니라 쌀쌀한 아침에 핫초코까지 먹으니 정말 금상첨화였다. 이제 호텔에서 준비를 하고 'Garden of the Gods'라는 콜로라도의 명소로 향했다. 덥지도 춥지도 않고 딱 좋은 날씨였다. 바위 사이에도 올라가 보고 멋진 바위가 있는 곳이면 어디든 가리지 않고 갔다. 너무 멋있는 풍경에 압도당해 사진을 안 찍을 수가 없었다.

　이제 발로 아닌 차를 타고 감상하기 시작했다. 차 안에서 창문을 열고 시원한 바람을 맞으며 보는 바위와 낙엽들은 더 멋있었다. 기념품 숍에 가서 티셔츠, 엽서, 자석을 샀다

점심을 먹으러 비행기에서 밥을 먹는다는 레스토랑으로 갔다. 장난으로 하신 말씀인 줄 알았는데 정말 비행기가 있어 놀랐다. 내부 모습도 비슷하게 재현을 해 놓았고 조종실까지 있어 신기했다. 너무 배고파서 애피타이저로 나온 나초와 치즈를 허겁지겁 먹고 햄버거를 또 먹었다. 이번 여행에서 다양한 햄버거를 많이 먹었지만 계속 먹어도 질리지 않고 맛있었다.

호텔에 가기 전에 마트에 잠깐 들렀다. 그때 분위기가 노을에 살짝 겨울바람이 더해져 겨울이 최애 계절인 나에게는 잊을 수 없는 순간이 되었다. 호텔에 돌아와 호텔 안에 있는 수영장에서 수영을 했다. 그 수영장에 나밖에 없어서 혼자 넓은 수영장을 휘저으며 열심히 즐겁게 수영을 했다. 수영을 하고 방에 들어가 씻고 한국에서 사 온 과자를 먹고 잠들었다.

3일(10/31)-핼로윈

 다음 날도 어김없이 호텔에서 주는 조식으로 시작했다. 어제는 와플이 살짝 덜 익은 느낌이 었는데 오늘은 와플이 바삭바삭하게 잘 만들어져서 정말 맛있었다. 조식부터 거하게 먹고 속을 가라앉히기 위해 그린티까지 먹었다.

 이날부터 날씨가 정말 너무 추워지기 시작했다. 진짜 추운 겨울 날씨였는데 패딩을 챙겨 가지 않아서 폴리스 하나로 버텨야했었다.

 'Red Rocks'라는 콜로라도 명소에 갔다. 콜로라도 하면 떠오르는 매우 유명한 곳이다. 빨간 바위도 있고 공연할 수 있는 콘서트장도 있다. 날씨가 뿌예서 환히 보이진 않았지만 그래도 정말 멋진 곳이었다. 매서운 바람에도 불구하고 옷을 벗고 운동을 하시는 분도 계셨다. 또한 웅장한 바위들이 정말 신기했다. 자연에 압도당하는 곳에 가면 웅장하고 멋있고 신기한 느낌 때문에 머릿속에 있는 잡생각들이 사라져서 좋다.

 박물관 안에 들어가 스타벅스에 갔다. 그 추운 날씨에도 아이스 캐러맬마끼아또를 사먹었다. 추운 곳에서 멋진 절경을 바라보며 마시는 차가운 커피는 정말 완벽했다. 박물관 안에는 그곳에서 공연한 가수들 사진과 기념품 숍이 있었다.

 점심을 먹으러 'The Buffalo'라는 곳에 갔다. 또 햄버거 가게다. 애피타이저로 나초를 먹고 추천받은 햄버거를 먹었다, 햄버거 안에 든 패티가 진짜 스테이크를 안에 넣어 놓은 맛이었다. 정말 맛있었다. 하지만 난 조식을 너무 많이 먹어 배가 불러서 반 정도 먹고 반은 포장했다.

밥을 먹고 나오니 근처에 상점들이 쭉 있었다. 중간중간 핼러윈처럼 꾸며 놓은 가게와 길거리들이 너무 예뻐 사진을 찍었다. 영화에서만 보던 미국 길거리 감성이었다. 콜로라도답게 상점들을 뒤로하고 뒷배경엔 산이 있었다. 한 가게에서 정말 예쁜 원석 같은 걸 팔고 있었다. 또 다른 가게에선 향신료들을 팔고 있었다.

콜로라도 산 정상엔 항상 눈이 쌓여 있다, 내 최애 계절이 겨울인 만큼 나는 눈을 정말 좋아한다. 내가 교환 학생을 온 텍사스는 눈이 거의 오지 않는 곳이라 이번 연도 겨울엔 눈을 못 볼 줄 알았다. 하지만 이렇게 일찍 눈을 봐서 너무 좋

앉고 신기했다.

차를 타고 열심히 가다가 화장실에 가고 싶어 근처 작은 마을에 있는 진짜 작은 호텔에 갔다. 옆엔 소품 상점도 있었다. 핼러윈에 맡게 꾸며 놓은 가게들이 너무 귀여웠다.

차를 타고 가는 길엔 작은 마을들이 곳곳에 모여 있었다. 정말 이런 곳에선 이웃들 말곤 누가 죽거나 태어나도 모를 것처럼 고요하고 작은 마을이었다. 또한 핼러윈 분장을 하고 가족들 손을 꼭 잡고 'Trick or Threat'을 하러 다니는 작은 꼬마들도 봤는데 너무 귀여웠다. 그리고 저녁으론 아시아 음식점에 가서 그나마 익숙한 우동을 시켜서 먹었는데 꽤나 맛있었다. 이후 주택가 쪽으로 갔는데 'Trick or Threat'을 하러 다니는 꼬마는 3명 정도밖에 없었다. 코로나 때문인가 했었는데 사탕에 마약을 넣는 이상한 사람들이 많아져 그때 이후로 핼러윈 문화가 많이 사라졌다고 한다. 그런 이상한 어른들 때문에 한 문화가, 아이들의 행사가 사라졌다는 게 슬프다. 하지만 지역에 따라 활발히 하는 곳도 있고 아예 하지 않는 곳도 있는 것 같다.

정신없이 곳곳을 돌아다니고 이동 시간이 길어 차에서 보낸 시간도 많았지만 곳곳에 있는 핼러윈 장식 덕분에 차 안에서도 핼러윈을 재밌게 즐길 수 있었다.

4일(11/1)

11월이 시작됐다. 달이 바뀌니 날씨도 더 추워졌다. 어김없이 조식으로 아침을 시작했다. 흩날리는 낙엽들도 보고 점심으론 한국 음식점 중 삼겹살집에 가서 먹었다. 미국 와서 처음 먹는 삼

겹살이었다. 고기의 질은 안 좋았지만 정말 너무 맛있게 먹었다. 한국인답게 김치볶음밥까지 먹은 알찬 식사였다.

호스트 맘 친구분은 일 때문에 같이 못 왔지만 남편분과 호스트 맘이 너무 맛있게 드셔서 괜히 내가 다 뿌듯했다. 그리고 이날 정말 진정한 의미의 첫눈을 봤다. 난 눈을 정말 너무 좋아한다. 눈 그 자체도 좋지만 눈에 담긴 의미와 그 분위기가 날 더 빠져들게 만들었다.

원래 타운을 가기로 했지만 날씨 등의 이유로 취소되고 호텔에 와서 피자를 시켜 먹었다. 나는 파인애플 피자를 엄청 좋아한다. 파인애플은 오히려 피자의 느끼함을 상큼하게 잡아 줘서 좋다. 미국에서의 첫 여행을 이렇게 끝내고 싶진 않아서 호텔 수영장에서 맘껏 수영을 하고 방에 다시 돌아와 씻고 여행을 끝낼 준비를 했다.

5일(11/2)

아침 7시 50분 비행기여서 똑같이 5시에 일어나 준비를 하고 공항으로 향했다. 공항에 도착해서 탑승 수속을 마치고 스타벅스에 가서 음료를 마셨다. 한국에선 집 바로 옆에 스타벅스가 있어서 자주 먹었는데 미국에선 스타벅스가 멀리 있기 때문에 스타벅스가 보이기만 하면 사 먹는다.

비행기에서 구름을 보는 것을 좋아해 항상 창가 자리에 앉는 것을 선호한다. 구름을 볼 때면 내가 구름 위에 떠 있는 것 같아서 좋다. 하지만 코로나로 인해 한참 비행기를 타지 못하다가 최근에 비행기를 너무 많이 타서 이젠 비행기가 질리기 시작했다. 예전에는 비행기 타는 것이 너무 설렜는데 이젠 오히려 힘들어서 타기 싫어졌다. 그럼에도 불구하고 비행기에서만 볼 수 있는 풍경들은 절대 질리지 않는다. 이렇게 허무하게 추억을 잔뜩 실은 나의 4박 5일 콜로라도 여행이 끝났다.

 나의 여행 스타일은 체험 위주이다. 체험을 위주로 해야 여행을 온 기분이 든다. 쉬는 여행은 여행이 아니라고 생각한다. 이번 여행은 나의 여행 스타일에 적합한 여행이었다. 곳곳을 돌아다니면서 새로운 환경을 체험하고 몸소 느껴서 정말 행복한 여행이었다.
 항상 가족이랑만 여행을 다니다가 가족도 아닌, 국적이 다 다른 4명이다. 항상 가족이랑만 여행을 다니다가 가족도 아닌, 국적도 나이도 다 다른 4명이서 만나 콜로라도 구석구석을 누비며 여행을 하고 같은 호텔을 썼다.
 작년 이맘때의 나는 내가 유학을 갈 줄은 전혀 몰랐고 심지어 유학은 생각하지도 않았다. 하지만 이렇게 유학을 와서 가족이 아닌 아예 모르는 사람들과 이렇게 즐거운 여행을 즐길 거라는 것은 전혀 예상치도 못했다. 상상 조차 안 해 봤다. 항상 미래를 위해서 달려가곤 있지만 그 어느 누구도 미래에 벌어질 일을 예상하지 못한다. 근데 왜 우리는 미래를 위해 이렇게 치열하게 살아가야 하는 걸까? 당장 내일 죽을지 언제 죽을지도 모르는 상황에 왜 내일을 위해, 미래를 위해 살아가는 것일까? 이런 생각을 할 때면 다 내려놓고 현재의 나를 위해 오로지 현재를 위해 살아가고 싶지만 그럴 수 없는 게 현실이다. 확률적으로 내가 내일 살아 있을 확률이 높고, 지금부터 먼 미래까지 잘 살아 있을 확률이 높기 때문이다. 미래의 어느 순간, 그 현재를 위해서라도 열심히 살아갈 수밖에 없는 현실에 부딪혀 있다. "피할 수 없으면 즐겨라." 이 말처럼 어쩔 수 없이 살아가게 될 확률이 더 높다면 그 미래의 순간, 미래의 나를 위해서라도 지금의 현재를 최대한 즐기면서 열심히 살아가야겠다!

가족이 아닌 사람들과 여행은 처음이라 걱정을 한 게 무색할 만큼 콜로라도 여행은 너무 즐거웠고 행복했고, 교환학생은 전혀 예상치 못한 변수들의 연속이라는 걸 다시 한번 깨달았다.

23. 라스베이거스 여행

 10살 때 엄마, 언니와 함께 2주 동안 미국 여행을 한 적이 있는데 그때 라스베이거스에 가 봤었다. 물론 어릴 때라 잘 기억하진 못하지만 행복했고 재밌었던 건 분명히 기억할 수 있다. 이번엔 호스트 맘과 라스베이거스에 가기로 했다. 원래 호스트 맘의 생일을 맞아 3월에 가려고 했지만 이런저런 일들이 많아 여행이 미뤄지고 결국 5월 첫 주에 가게 됐다. 호스트 맘의 삼촌이 라스베이거스에 사셔서 삼촌의 집에서 지냈다.

삼촌은 우리의 라스베이거스 여행 가이드가 되어 주셨다.

1일 차, 월요일(2022-05-02)

  학교가 끝나고 집에서 마저 짐을 싸고 공항으로 향했다. 올해 비행기를 너무 많이 타서인지 약 5시간 비행기를 타야 하는 것에 설렘보다 피곤함이 느껴졌다. 평일이라 그런지 공항에 사람이 별로 없어 수속을 빨리 끝냈다. 공항이 너무 작아서 할 게 없어서 핸드폰을 보며 시간을 보냈다. 2시간이 지나고 드디어 비행기를 타고 휴스턴 공항에 도착했다. 휴스턴 공항엔 3번째 방문이라 공항 지리를 다 꿰고 있었다. 바로 제일 좋아하는 햄버거를 먹고 던킨도너츠, 배스킨라빈스 아이스크림까지 여러 음식을 먹고 유튜브를 보면서 라스베이거스로 향하는 비행기를 기다렸다. 라스베이거스로 향하는 비행기에는 사람이 꽉 차 있었다. 지정 좌석이 아니었기에 맨 뒷자리에 있는 창가 자리에 앉았다. 창가 자리를 선호하는 이유는 오직 비행기 안에서 보는 바깥 풍경을 좋아하기 때문이다. 밤 비행기였기 때문에 아무것도 보이지 않아 잠을 청해 보기도 하고 사진 정리도 하며 어영부영 시간을 보냈다. 그러다 라스베이거스에 거의 도착했는데 창밖으로 보이는 야경이 정말 아름다웠다. 멀리서 봐도 어둠에 잠기지 않은, 반짝거리는 저 도시가 바로 라스베이거스라는 것을 알 수 있었다. 당장 핸드폰을 꺼내 사진부터 동영상까지 아름다운 풍경에 취해 막 찍었다. 길고 힘들었지만 야경으로 피곤함을 다 날려 준 비행이 끝나고 라스베이거스 공항에 도착했다. 도착하자마자 보이는 건 역시 카지노의 도시답게 공항에도 카지노가 곳곳에 있었다. 그 후엔 호스트 맘의 삼촌을 만나 삼

촌의 집으로 향했다. 밤 12시쯤 집에 도착해서 대충 짐을 풀고 씻고 잤다.

2일 차, 화요일(2022-05-03)

아침 9시에 일어나 아침을 간단히 먹고 바쁘게 준비를 하고 라스베이거스의 마스코트라고도 할 수 있는 관광객의 필수 방문지인 'WELCOME TO FABULOUS LAS VEGAS' 간판을 보러 갔다. 그 간판의 위치가 도로 한가운데에 있어 신기했다. 평일임에도 불구하고 사람이 정말 많았다. 간판 앞에서 사진을 찍기 위해 많은 사람들이 줄을 서 있었다. 추억을 남기기 위해 우리도 줄에 섰다. 신기하게도 간판 앞에서 사진작가분이 무료로 찍어 주셨다. 역시 사진작가라는 직업에 걸맞게 정말 아름다운 사진을 얻을 수 있었

다. 사진을 찍고 MGM이라는 카지노가 정말 많은 곳에 갔다. 평일임에도 불구하고 많은 사람들이 카지노를 하고 있었다. 현지인뿐만 아니라 관광객들까지 정말 많았다. 술도 마시고 담배도 피우며 편하게 카지노를 하고 있었다. 난 아직 미성년자라 카지노는 못 하고 호스트 맘과 삼촌이

하는 걸 구경했다. 옆에서 보니 카지노는 사람의 심리를 이용해 계속 돈을 주려다가 뺏는, 절대 돈을 벌지 못하게 하는 기계였다. 사람들은 아주 잠깐 기계가 돈을 주려 했던 희망에 속아 계속 시도를 한다. 하지만 정작 돈을 얻지 못하는 것 같았다. 그 후엔 혼자 건물을 돌아봤다. 점심으로 근처 한국 음식점을 가려 했는데 셋 다 배가 너무 고파서 건물 안에 있는 뷔페로 향했다. 음식 종류도 적고 맛도 그저 그랬지만 너무 배고파서였는지 맛있게 허겁지겁 먹었다. 뷔페에서 일하시는 한국분 을 만나 신기했다. 배를 채우고 'START SKYPOD TOWER'라는 109층까지 있는 타워로 향했다. 105층에선 실내에서 라스베이거스 전체를 볼 수 있고, 106층에선 실외에서 라스베이거스 전체를 볼 수 있었다. 라스베이거스는 사막에 생긴 도시이기 때문에 큰 도시를 사막이 감싸고 있는 모습이 절경이었다. 높은 건물

과 집들이 있는 라스베이거스를 한눈에 담을 수 있어 좋았다. 106층엔 절벽으로 떨어지는 것 같은 놀이 기구가 있었는데 그걸 타는 사람들이 있어 더 신기했다. 라스베이거스의 야경을 보고 싶었는데 호스트 맘과 삼촌의 체력은 이미 바닥이었기에 야경은 보지 못하고 집으로 돌아가 아쉬웠다. 그럼에도 지금 라스베이거스에 있단 사실만으로도 즐거웠다.

3일 차, 수요일(2022-05-04)

  수요일은 쇼핑데이로 정했다. 삼촌이 군인이시기 때문에 우리는 밀리터리 베이스에 갈 수 있었다. 밀리터리 베이스는 음식점들과 집, 마트까지 있어 한 마을 같았다. 마트에선 생활용품뿐만 아니라 여러 브랜드의 옷, 가방, 신발, 화장품 등

많은 물건들을 할인된 가격에 살 수 있었다. 나는 옷 몇 벌을 싼 가격에 샀다. 밀리터리 베이스를 지나 큰 쇼핑몰로 향했다. 아웃렛, 백화점뿐만 아니라 여러 브랜드의 가게가 즐비하고 있었다. 나는 한 가게 한 가게 들어가서 장시간 쇼핑을 하고 싶었다. 하지만 삼촌과 호스트 맘은 쇼핑할 물건도 체력도 없으셔서 모든 가게들을 둘러보기는커녕 시간에 쫓기면서 3매장밖에 구경을 못 했다. 아쉬운 쇼핑이어서 꼭 라스베이거스에 오면 이곳에 와서 10시간 쇼핑을 하겠다 다짐을 하게 만들었다. 저녁으로 너무 먹어 보고 싶었던, 서부의 아주 유명한 햄버거인 'IN-N-OUT'을 먹으러 갔다. 더블버거, 치즈 프라이와 바닐라 셰이크를 주문했는데 모든 메뉴가 다 너무 맛있었다. 패티의 육즙이 살아 있고 햄버거의 조화도 좋고 가격도 저렴했다. 너무 맛있어서 햄버거 하나를 테이크아웃해서 집에 가서 또 먹었다. 식은 후에 먹었음에도 불구하고 여전히 육즙은 살아 있고 맛있었다. 다시 라스베이거스의 황홀한 야경을 달리는 차 안으로 담으며 집으로 향했다.

4일 차, 목요일(2022-05-05)

 호스트 맘과 어릴 때부터 친구였던 분이 라스베이거스에 사셔서 그분과 그분의 가족들을 만났다. 다 필리핀 분이셨기에 필리핀 식당에 가서 밥을 먹었는데 내 취향은 아니어서 별로 먹지 못했다. 다들 라스베이거스에서 열린 방탄소년단 콘서트에 다녀오셨다고 하셔서 신기했고 한류의 인기를 다시금 느낄 수 있어 내가 다 뿌듯했다. 간단히 밥만 먹고 바로 헤어졌다. 삼촌에게 데리러 오라고 연락을 했지만 연락이 닿지 않아서 내가 우버를 타고 가까운 아웃렛에 가는

건 어떠냐고 물었더니 호스트 맘도 그러자고 하셔서 '라스베이거스 아웃렛'이라는 곳으로 향했다. 아웃렛은 엄청 컸고 평일임에도 불구하고 많은 사람이 있었다. 모든 매장이 세일을 하고 있어서 매장에 들어가 옷을 입어 보고 마음에 들면 가격을 신경 쓰지 않고 쇼핑을 했더니 500$ 이상 써 버렸다. 그래도 어제 쇼핑의 아쉬움을 달랠 수 있어 좋았다. 팔이 떨어질 것 같을 때 쇼핑을 끝내고 쉑쉑버거에서 저녁을 먹었다. 한국에도 있긴 하지만 미국의 맛이 궁금했다. 맛은 있지만 가격이 맛에 비해 비쌌다. 약 5시간의 쇼핑을 끝내고 다시 우버를 불러 집으로 돌아갔다. 우버 기사분들도 다 너무 친절하셔서 기분 좋게 여행을 할 수 있었다.

5일 차, 금요일(2022-05-06)

'HOOVER DAM'이라는 유명한 자연을 관광하러 1시간 정도 운전해서 갔다. 하지만 난 자연보다 도시를 더 좋아하는 사람이라서 크게 감명 깊은 여행지는 아니었다. 날씨까지 너무 더워서 후버댐이라는 곳에 대한 매력을 크게 느끼지 못했다. 그럼에도 열심히 둘러보고 사진도 많이 찍은 후 근처 호텔에 있는 식당에서 밥을 먹었다. 또 햄버거를 먹었다. 양도 많고 크고 맛있었다. 다시 한 시간을 달려 집으로 갔다. 집에서 짐 정리를 하고 드디어 라스베이거스의 야경을 보러 갔다. 일단 벨라지오 호텔에 갔다. 열기구로 꾸며져 있는 공간이 바로 이 호텔의 트레이드 마크인데 열기구를 보자마자 바로 10년 전에 엄마와 언니와 함께 왔던 곳이라는 걸 깨달았다. 10살의 나는 그저 신기했었는데 19살의 나에겐 몽환적이고, 예쁘고, 예쁜 사진을 남기고 싶은 곳이 됐다. 10년 뒤에 다시 이곳에 온다면 그때의 나는 어떻게 성장해서 어떤 시각으로 바라볼지 궁금하다. 밖으로 나갔더니 조그마한 에펠탑을 중심으로 크고 웅장한 분수 쇼가 펼쳐지고 있었다. 너무 아름답고 황홀한 광경에 나도 모르게 넋을 놓고 감상했다. 몇 번 더 분수 쇼가 펼쳐져서 이번엔 그 아름다운 모습을 영상과 사진으로 아낌없이 남겨 놓으며 감상했다. 도시를 사랑하는 나에겐 자연보다 도심 속에서 펼쳐지는 화려한 분수 쇼가 더 아름다웠다.

6일 차, 토요일(2022-05-07)

집으로 돌아가는 날. 10시 비행기여서 8시쯤 공항에 도착했다. 라스베이거스 공항은 정말 커서 처음엔 길을 조금 헤맸지만 셀프 체크인도 하고, 짐도 부치고, 공항 수속도 혼자 잘 끝냈다. 비행기에 타기 전까지 30분 정도가 남아 공항에 있는 음식들을 다 먹겠다 다짐하고 식탐을 부렸다. 말차 라테와 빵, 핫도그, 감자튀김까지 사서 30분 동안 계속 먹었다. 비행기에 탑승해서 영화도 보고 잠도 자면서 3시간을 달려 휴스턴 공항에 도착했다. 3시간을 기다려야 해서 저녁도 먹었다. 사는 지역까지 비행기를 타고 안전하게 도착했다. 밤 11시쯤 집에 도착했다. 5일 만에 도착한 내 집, 내 방은 너무 포근했다.

  여행은 현실을 살아갈 힘을 준다. 여행 가기 전엔 여행 갈 생각에 힘이 나고, 갔다 와선 좋은 추억과 기억들로 다시 삶을 살아가게 만들어 준다. 그렇기에 여행은 현실을 살아갈 원동력이 되어 준다. 여행이 좋은 이유는 잠시라도 현실과 스트레스에서 벗어나 꿈 같은 경험을 할 수 있기 때문이다. 라스베이거스 여행은 나에게 힘과 원

동력이 되어 주었다. 새로운 환경과 새로운 음식, 새로운 사람, 새로운 모든 것이 합쳐져서 새로운 경험과 행복을 주었다.

24. 뉴욕

 뉴욕에 가고 싶은 건 어릴 적부터 내 버킷리스트였다. 전 세계에서 가장 트렌디하고 멋있는 도시라고 생각해 왔기 때문이다. 교환 학생도 뉴욕 주로 배정되길 원했지만 되지 않았다. 난 서울에서만 살았기 때문에 명절마다 내려가는 시골 할머니 집은 나의 힐링 장소였다. 하지만 미국에 와서 소도시, 거의 시골인 곳에 살다 보니 난 도시를 사랑하는 사람이라는 것을 깨달았다. 운전을 못하기 때문에 그런 걸 수도 있지만 걸어서 어디든 갈 수 있고 교통수단이 발달돼 있으며

번쩍거리고 사람들이 붐비는 번화가를 훨씬 더 좋아한다. 그렇기에 미국에 있으면서 뉴욕을 가고 싶다는 생각을 정말 많이 했다. 심지어는 뉴욕 중심가에서 몇 달을 살아 보고 싶다는 생각을 했었다. 운 좋게도 교환 학생을 끝내고 한국 들어가기 전 5일 동안 뉴욕에서 여행할 수 있는 기회가 생겼다. 차갑지만 따뜻할 것 같은 뉴욕의 공기, 뉴요커들과 멋진 건물들이 뉴욕에 대한 내 환상이다.

25. 동부 여행

교환 학생을 결심할 때부터 뉴욕에 가고 싶었다. 그 이유는 뉴욕에 대한 로망이 있었기 때문이다. 세계인의 도시라고 불리는 만큼 뉴욕이 너무나도 궁금했다. 하지만 다른 주로 배정되어서 한국에 돌아가기 전에 꼭 여행이라도 가고 싶었다. 가족들은 시간이 나지 않아서 동부 곳곳을 둘러볼 수 있는 방법인 가이드 투어를 신청했다. 4박 5일 동부 지역을 도는 관광 루트였다. 1일 차엔 뉴저지에 도착했고, 2일 차엔 워싱턴 투어, 3일 차엔 나이아가라 폭포(미국) 투어, 4일 차엔 캐나다로 넘어가서 나이아가라 투어, 5일 차엔 뉴욕 맨해튼 투어를 했다.

⟨1일 차⟩

 친구, 가족들과 작별 인사를 하고 공항으로 향했다. 수속을 다 마치고 비행기를 기다리면서 교환 학생 동안 찍었던 사진들을 보았다. 정들었던 곳을 벌써 떠난다니 믿기지가 않았다. 그럼에도 난 앞으로 다가올 동부 여행이 기대돼서 너무 설렜다. 텍사스-휴스턴-뉴저지로 가는 비행기였다. 전날 짐을 싸느라 못 잔 잠을 비행기에서 채웠다. 뉴저지 공항에 도착해서 짐을 찾는데 캐리어 1개가 다른 비행기를 타고 와서 고생을 했다. 새벽 1시쯤 가이드님을 만나 햄버거를 테이크아웃하고 호텔로 향했다. 호텔이 굉장히 좋아서 다음 날 6시에 일어나야 함에도 혼자 좋은 호텔을 쓰는 걸 즐겼다.

〈2일 차〉

 6시에 일어나 빨리 준비를 하고 나가서 가이드님을 만났다. 미국의 수도 워싱턴 D.C.를 가기 위해서는 차를 타고 약 4시간을 가야 했다. 하지만 한 나라에 왔으면 그 나라의 수도는 꼭 가 봐야 한다고 생각해서 4시간을 달려서 갔다. 워싱턴에 도착해 가장 처음으로 가 본 곳은 국회의사당이었다. 그냥 예쁜 건물이라는 생각 외에는 딱히 별생각이 들지 않았지만 그래도 최고 결정 기구를 본 것에 의의를 두었다. 그 다음엔 자연사 박물관으로 향했다. 들어가자마자 엄청 큰 박제된 코끼리가 있었고, 영화 타이타닉에 나온 목걸이도 있었다. 약 42캐럿 정도 되는 목걸이가 전시되어 360도로 돌아갔다. 다음엔 백악관이 보이는 곳으로 향했다. 아주 멀리서 조그맣게 하얀 건물이 보였는데 그곳이 백악관이었다. 그리고 바로 뒤로 돌면 오벨리스크를 볼 수 있었다. 오벨리스크는 미국의 초대 대통령 조지 워싱턴을 기리기 위해 건축한 기념탑이다. 국회를 존중하고 그 권위에 경의를 표하는 목적으로 워싱턴 D.C.에서는 이 워싱턴 기념탑보다 높은 건물은 지을 수 없도록 법으로 규제받고 있다는 이야기도 있는데 그건 낭설이라고 한다. 다음엔 독립 선언문을 작성한 토머스 제퍼슨의 기념관에 갔다. 신전 처럼 생긴 토머스 제퍼스 기념관 벽 한쪽엔 독립 선언문이 새겨져 있었고, 그 중심에 토머스 제퍼슨이 서 있었다.

다음엔 한국 전쟁 참전 용사 기념관에 갔다. 19명의 참전 용사가 전투복을 입고 아주 힘겨운 모습으로 걷고 있고, 옆 비석엔 참전한 사람들의 얼굴이 새겨져 있었다. 비석이 19명인 이유는 옆 비석에 19명의 참전 용사가 비쳐서 38도선을 의미하는 거라고 한다. 참전 용사들 앞엔 한국에서 선물해 준 문구가 적힌 비석이 있었는데 그곳엔 알지도 못하는 나라에 와 힘껏 싸워 준 참전 용사에게 경의를 표한다고 써 있었다. 다른 비석엔 'FREEDOM IS NOT FREE'라는 문구가 적혀 있었다. '자유는 공짜가 아니다'라는 말이 한국 전쟁 참전 용사들에게 다시 한번 경의를 표하게 되었다. 다음엔 미국의 16대 변호사인 링컨 기념관에 갔다. 링컨은 근엄한 표정을 하고 의자에 앉아 백악관을 보고 있었다. 그 앞엔 호수가 있고 오벨리스크가 보였다. 여기까지가 워싱턴에서 보낸 하루였다. 정말 여러 곳을 짧은 시간 내에 돌아다녔다. 역시 가이드 투어를 하면 곳곳을 둘러볼 수 있다는 게 장점이지만 자유 시간이 없다는 게 단점이다.

〈3일 차〉

 이번 여행의 메인인 나이아가라 폭포를 가는 날이다. 나이아가라 미국 측 폭포를 보기 위해 나이아가라 폭포 주립 공원으로 향했다. 어제부터 나이아가라 폭포를 가기 위해 끊임없이 달리고 달렸다. 아침부터 약 7시간을 달려 드디어 도착했다. 오늘은 나이아가라 폭포에 완전 감겨 젖는 날이라고 가이드님께서 선전 포고하셨다. 처음엔 제트 보트를 타러 갔다. 나이아가라 월풀에서 물살을 만들며 보트를 타는 거였는데 정말 흠뻑 젖으며 너무 재밌게 탔다. 그 담엔 바로 나이아가라 폭포를 보러 갔다. 굉장히 웅장했지만 물안개가 너무 심해서 아쉬웠다. 폭포가 흐르는 모습에 압도되어 멍때리며 폭포를 감상했다. 하지만 이미 너무 미디어에서 많이 접해서인지 감격스럽진 않았다. 다음엔 바람의 동굴이라고 폭포를 직방으로 맞을 수 있는 곳에 갔다. 들어가기 전에 나이아가라 폭포에 대한 영상을 보고 폭포를 맞으러 갔다. 멀리서 볼 땐 폭포가 그렇게 큰지 몰랐는데 가까이서 보니 물줄기가 셌고, 굉장히 커서 폭포가 내려오는 모습이 무서웠다. 계단을 타고 올라가면서 폭포와 한 발 한 발 가까워졌다. 폭포 중앙으로 올라가서 폭포를 맞는 모습을 막 찍었다. 무서우면서도 재밌고 신기했다. 다음엔 나이아가라 폭포를 바로 앞에서 보는 배를 탔다. 폭포 바로 옆에서 아름답게 뜬 무지개도 봤다. 폭포를 직접 맞고 나니 눈으로만 보는 것은 성에 차지 않았다. 확실히 직접 폭포를 맞으면서 보는 나이아가라 폭포가 즐기는 것에서 더 나아가 나이아가라 폭포와 한 몸이 된 느낌이었다. 미국 측 나이아가라 폭포는 다 봤다고 느낄 때쯤 미국 국경을 넘었다. 호텔 방을 체크인하고 30분 정도 쉬다가 나이아가라 폭포 시티를 한눈에 볼 수 있는 전망대로 올라갔다. 야경을 너무 좋아해서 그런지 모든 불빛을 한눈에 담는 게 너무 황홀했다. 심지어 나이아가라 폭포는 밤에 빔을 쏴서 계속 색깔이 바뀌는데 그게 너무 조화롭고 예뻤다. 야경을 눈에 담고 호텔로 돌아가서 씻고 출출한 배를 달래기 위해 서브웨이를 먹었다. 그렇게 나이아가라에서의 첫날 밤이 저물어 갔다.

〈4일 차〉

 진정한 나이아가라 폭포를 보러 갔다. 가운데 부분은 물안개가 너무 심해서 잘 안 보였지만 역시 3대 폭포인 이유가 있었다. 폭포의 모든 게 아름다웠다. 다음으로 아이스 와인을 130년 동안 만들어 온 가게로 갔다. 그곳엔 가게와 포도 농장, 와인 공장까지 다 있었다. 아이스 와인을 만들 때 포도를 심어서 포도가 열릴 때 바로 수

확하는 게 아니라 포도가 꽝꽝 얼었을 때 40송이로 아이스 와인 한 병을 만든다고 했다. 와인 대회에서 1등을 거의 휩쓰는 와인이라고 하셨는데 와인을 시음해 보니 그 이유를 알 수 있었다. 다음으론 나이아가라 월풀에 갔다. 또다시 감상을 했다. 물 색깔이 에메랄드빛이어서 너무 아름다웠다. 심지어 물이 너무 깨끗해서 연어까지 잡히는 곳이라고 하셨다. 어제 갔던 스카이론 타워에 이번엔 전망을 보며 점심을 먹으러 갔다. 스테이크 코스 요리를 먹었고 샐러드, 빵, 티, 스테이크, 케이크까지 모든 음식이 맛있었다. 눈으론 아름다운 전망을 보면서 맛있는 음식을 먹어 시각과 미각 둘 다 즐거웠다. 식당이 360도 돌아가서 식사하다 보니 옆에 나이아가라 폭포가 있어 신기했다. 이틀 동안 나이아가라 폭포를 구석구석 열심히 봐서 돌아갈 땐 나이아가라 폭포는 다시 안 와도 되겠다 생각했는데 한국 온 지 며칠 됐다고 벌써 나이아가라 폭포가 그립다. 캐나다 국경을 넘기 전에 면세점에 들러 기념품을 샀다. 또다시 8시간을 달려 뉴저지로 돌아갔다. 다음 날에 있을 뉴욕 여행을 기대하며 하루가 끝났다.

〈5일차〉

 드디어 내가 정말 가고 싶어 했던 뉴욕 여행의 하루가 밝았다. 신나게 일어나 신나게 준비를 하고 뉴욕에 도착했다. 맨해튼 전 지역을 캠퍼스로 쓰고 있는 뉴욕대도 둘러보고 월스트릿으로 향했다. 미드에서만 보던 월스트릿를 직접 본다니 너무 기대됐다. 기대했던 만큼 건물들이 다 예뻤다. 영화에서 보던 거리를 내 눈으로 보고 내가 지금 이곳에 있다는 게 너무 신기했다. 다음으론 황소 동상을 봤다. 황소 동상을 만지면 주식이 올라간다고 한다. 사진 찍는 줄이 길어 찍지는 못하고 열심히 만졌다. 다음으론 뉴욕의 랜드마크인 자유의 여신상을 보러 갔다. 맨해튼 시내를 한 눈에 담으며 약 1시간 정도 쭉 가면 자유의 여신상이 나타난다. 그럼 그때 사진을 막 찍는다. 오랜만에 배를 타서 그런지 뱃멀미가 나서 사진을 찍고는 선실 안으로 들어가 있었다. 점심은 자유식을 먹었다. 가장 가까운 곳이 쉑쉑 버거라서 쉑쉑 버거를 먹고 원 월드 전망대로 갔다. 엘리베이터를 타고 올라가는 동안엔 맨해튼의 역사를 보여 줬다. 100층에 도착해서는 맨해튼을 한눈에 볼 수 있었다. 세계의 도시답게 큼직한 빌딩도 많고 강, 다리, 자유의 여신상까지 볼 수 있었다. 전망대의 장점은 한눈에 한 도시를 담을 수 있기에 모든 여행에서 나는 전망대에 가는 것을 선호한다. 사진도 많이 찍고 기념품도 사고 내려와서는 센트럴 파크로 갔다. 사람들이 푸른 잔디밭에 그냥 누워 있는 모습이 굉장히 여유롭고 평화롭고 영화의 한 장면 같았다.

심지어 날씨까지 좋아 더 예뻤다. 다음엔 대망의 타임스퀘어로 향했다. 고층 건물과 전광판, 많은 사람들까지 딱 내가 예상했던 타임스퀘어였다. 이곳에 내가 있다는 게 믿기지 않았다. 아쉽게도 15분밖에 시간이 없어 사진만 빨리 찍고 왔다. 시간이 많았다면 곳곳을 구경을 했었을 텐데 아쉽다. 정말 행복하고 영화 같았던 동부 여행이 끝이 났다. 여러 곳을 돌아다니면서 구석구석 많은 경험을 할 수 있어서 좋았다. 교환 학생을 마무리하고 한국으로 돌아가기 전에 동부 여행은 나에게 미국에 대한 아쉬움을 줄여 줬고, 정리할 수 있는 시간을 줬고, 버킷 리스트에서의 한 줄을 지워 줬다.

글쓰기로 찾아가는
나의 꿈 나의 미래

26. 교환 학생을 마치며

 10개월의 교환 학생 생활이 끝이 났다. 텍사스의 조그마한 마을 코퍼스 크리스티에서의 모든 경험들이 추억이 되었다. 홈스테이 가정, 학교, 친구들, 음식 모든 것들을 떠나 원래의 일상으로 돌아왔다. 10개월 동안 나는 많은 경험을 했다. 혼자 해외에 가기, 비자 만들기, 가족과 장시간 떨어지기, 홈스테이, 다른 나라의 친구 사귀기, 여행, 소프트볼, 학교생활, 공부 모든 게 달랐다. 경험을 통해 난 성장했고 견문이 넓어졌다. 순탄치만은 않았던 교환 학생 시절이었지만 하나하나 배우며 성장했다. 행복하고 뜻깊은 10개월을 보내며 교환 학생을 마무리한 스스로가 자랑스럽다.

10개월의 교환 학생 경험은 대학 입시에는 다소 불리한 결정일 수 있지만 영어 실력이 늘고, 다른 문화권의 친구들을 사귀고, 미국 고등학교를 다닌 경험을 통해 교환 학생 생활이 내 긴 인생에 있어서는 큰 도움이 될 것이라고 자부한다.

시작이 있으면 끝이 있다.

또한 끝은 새로운 시작을 낳는다.

교환 학생이 끝났다고 아쉬워하지 말고 앞으로 다가올 새로운 길을 위해 더 달리고 노력해야겠다. 이제 새로운 목표를 향해 새로운 길에 대한 도전을 시작한다. 내 목표는 변호사다. 가까운 올해 목적지는 '대학'이다. 2023학년 대학 입시 성공을 위해 노력하자.

27. 내가 가진 한 가지

누가 비난해도 흔들리지 않고 지켜낼 수 있는 한 가지가 있냐고 묻는다면 나를 믿고 신뢰해 주는 내 가족들이 있고, 흔들리지 않을 내 신념이 있다고 대답할 수 있다. 대단하고 거창해 보이는 신념은 사실 옳고 그름을 올바르게 판단하고 그에 맞는 행동을 하는 것이다. 단순해 보이지만, 어려울 때가 있다. 그때 정답이 있는 길에, 모두가 정답이라고 하는 길을 선택하는 게 내 신념이다. 따라서 법에 준수하고, 규칙에 준수하는 삶을 사는 게 내 신념이다. 때론 정답이 없는 길도 있다. '나이에 맞게, 성별에 맞게, 학생 신분에 맞게' 이런 종류의 말들엔 정답이 없다. 오로지 화자의 고정관념에 따라서 정답이 생기는 것뿐이다. 정답이 없는 질문엔 내 신념 또한 사라진다. 신념에 준수해 올바른 인생을 사는 것이 내 삶의 목표이다. 그 목표를 이루기 위해선 항상 옳은 일인지 옳지 않은 일인지 구별할 수 있는 능력을 필수적으로 길러야 한다. '가족'이란 정말 신기한 존재다. 다툼이 존재하지만, 곁엔 없어선 안 되는 그런 존재. 세상에 존재하는 다양한 가족 형태 중에 나에게 가족이란 이런 존재다. 곁에 있는 것만으로도 힘이 되는 존재, 항상 내 편인 존재, 익숙함에 소중함을 잃기 쉬운 존재. 가끔 있는 다툼엔 서로의 마음에 상처를 내기도, 흠집을 내기도 하지만 절대로 없어선 안 되는 존재, 정말 이상하다. 마음에 상처를 주는데도 불구하고 곁에 없으면 안 되는 존재라니. 단순히 피로 엮였다고 설명하기엔, 끊을 수 없는 실로 이어진 매우 깊은 존재다.

28. 나의 꿈

나의 꿈은 변호사이다. 법 앞에선 모두 평등하다는 것을 알게 해 주고 억울한 죽음, 억울한 복역이 없는 사회를 만들고 싶기 때문이다. 특히 형사 사건에 관심이 많다. 살인, 폭력, 상해, 성범죄 등 강력 범죄에 관심이 가게 된 이유는 말도 안 되는 처참한 범죄를 저지르는 범죄자들이 더 이상 세상에 나오지 않길 바라기 때문이다. 박준영 변호사의 수원역 노숙 소녀 살인 사건을 예로 들 수 있다. 노숙자와 5명의 가출 청소년이 용의자였고, 수사하던 검사는 취조실에서 강압적인 수사와 사실 위조로 아무 잘못이 없는 청소년들을 순식간에 사람을 죽인 흉악범으로 만들었다. 이때 박준영 변호사가 취조 영상을 분석하면서 앞뒤가 맞지 않고 강압적이며 사실이 위조됐다는 걸 밝혔고 결국 대법원에서 무죄 판결을 받은 사건이었다. 청소년들에게 향해진 국민들의 잣대와 구치소의 기억은 절대 잊혀지지 않으며, 처음부터 사건의 방향이 틀어져서 진범은 찾지도 못하고 미제 사건으로 남아 버렸다. 이러한 억울한 복역과 죽음을 막기 위해서 진실을 밝혀내고 그에 맞는 책임을 지게 하고 싶다. 모두가 범죄자라고 할 때, 사건에 한 번 더 관심을 갖는 사람이 되고 싶다. 법조인이라는 그 직업 자체는 어릴 때부터 꾸준히 하고 싶었다. 멋져 보이기도 하고 법이라는 학문 자체가 재밌었다. 못된 사람을 처벌하고 착한 사람은 구원해 주는 법의 순수한 의미가 좋았다. 하지만 점점 법을 악용하는 사람들이 늘었다. 자신의 돈, 명예보다 정의를 택한 한 변호사에게 사람들은 저런 변호사가 필요하고 요즘 보기 힘든 변호사라는 말을 한다. 변호사의 일을 하는 사람에게 그런 말을 하는 걸 보고 정의가 무너져 내리고 있는 것 같았고, 사회가 욕망 덩어리가 된 것 같았다. 돈, 명예 둘 다 사회에서 너무 중요시되는 가치이며 나 또한 중요하고 꼭 필요하다고 생각한다. 하지만 변호사라는 직업은 돈, 명예가 아닌 정의를 위해 존재하는 것이다. 흔히 사람들은 우리나라도 미국처럼 법이 세져야 될 텐데라고들 한다. 미국과 우리나라 법의 차이점은 성문법과 불문법에 있다. 우리나라는 성문법을 쓰고, 미국은 불문법을 쓴다. 성문법의 경우 법전을 토대로 선고를 하기 때문에 형량을 쉽게 예측할 수 있다는 장점도 있지만, 구체적 규정이 없게 된다면 불합리한 판결이 날 수 있다는 단점이 있다. 불문법의 경우 배심원들의 판단이 많은 영향을 끼치고 법을 창조하기 때문에 소송 비용이 많이 들어간다는 단점이 있다. 그렇기에 미국은 형량이 100년, 500년 이런 식으로 나오는 게 가능한 것이다. 우리나라도 불문법을 채택해야한다는 건 아니지만, 범죄에 맞는 형벌이 합당하게 내려지길 바란다.

29. 귀국

10개월 동안의 교환 학생이 끝났다.

텍사스 코퍼스 크리스티에서 익숙해진 모든 것들이 끝났다.

교환 학생 준비를 시작한 2021년 3월부터 시작해서 2022년 5월 31일 한국에 도착하면서 끝났다.

준비하는 시간 동안 힘든 것도 있었지만 미국으로 간다는 생각에 설레서 아무것도 힘들지 않았다.

미국에 도착해서는 미국 생활이 너무 행복했

다. 미국이라는 곳에서 10개월을 살며 여행하는 기분이었다.

물론 힘들 때도 있었지만 행복한 순간이 더 많았다.

5월이 되어서도, 짐을 싸면서도, 내가 다시 한국으로 간다는 게 믿기지가 않았고 미국에서 계속 살고 싶다는 생각을 했다.

마지막 학교에 가는 날 친구들은 나에게 선물과 편지를 줬다. 그때 처음으로 내가 이곳을 떠난다는 게 실감이 났다.

애써 '끝'을 외면하고 있었는데 어쩔 수 없이 직면해야 하는 시간이 와 버린 것이었다.

다시는 보지 못할 수도 있다는 생각이 나를 슬프게 만들었다.

공항으로 가서 호스트 가족과도 작별 인사를 했다.

호스트 가족과는 우여곡절이 많았지만 이별의 순간만큼은 감사하고 미안한 마음이었다.

공항에선 교환 학생을 준비하면서부터의 사진들을 하나하나 보며 되새겼다.

그동안 참 많은 경험들을 하며 추억을 쌓고 견문을 넓혔다.

'끝'이 난다는 게 나를 너무 슬프게 만들었다.

하지만 끝이 있으면 시작도 있듯이 끝이 나서 아쉬워하기보단 새로운 시작을 더 기대하며 노력해야겠다.

30. 글과 미래

 미국에서의 교환 학생 10개월 동안의 이야기들을 담은 책이 완성됐다.
 책을 쓰는 게 힘들지 않았다고 하면 거짓말이다. 때론 쓰기도 귀찮고 뭘 써야 할지 모를 때도 있었지만 그때마다 책을 내고 뿌듯해할 내 모습을 상상했다.
 다돌 선생님에게 1주일에 한 편씩 주제를 받아 글을 썼다.
 처음엔 짤막한 키워드들로 무슨 내용을 담을지 생각을 하고 그 키워드를 모아 하나의 문장을 만들었다.

한 문장 한 문장 금방 써 내려갔고 그게 바로 한 편의 글이 되었다.

책을 쓰다 보면 내가 책 속으로 빨려 들어가서 금방 한 편의 글을 완성할 수 있었다.

애정 듬뿍 담긴 글들을 한 편 한 편 모아서 책을 낸다.

내 인생에서 가장 뜻깊었던 10개월을 글로 남길 수 있고, 이런 글들이 모여 내가 작가가 될 수 있다는 게 아직도 믿기지 않는다.

결국에 난 해냈다!

혼자 머나먼 미국 땅에 갔고, 언어도 문화도 모든 게 다른 그곳에서 혼자서 살아 나갔다.

물론 행복한 기억뿐인 미국 생활이었지만 처음의 포부와 초심을 잃지 않고 끝까지 달렸다.

마침내, 끝이 났다.

끝이 있으면 시작도 있듯이 난 또 끝을 향해 달려간다.

감사함으로

 이 책을 내기까지 감사했던 분들에게 감사의 말을 전하자면, 일단 멋진 글로 책을 써 준 나에게 제일 고맙고,

 항상 다양한 주제와 멋있는 글로 나만의 글을 쓸 수 있도록 코칭해 주신 다돌 선생님, 한순간도 빠짐없이 날 응원해 준 우리 가족들, 항상 용기를 준 친구들, 마지막으로 미국에서 만난 모든 분들에게 감사의 말을 전합니다!

글쓰기는
텅 빈 미래를 꿈으로 채워가는 과정이다.

-다돌-

도전이 일상인 교환 학생 1년의 기록

낯선 설렘

2022년 7월6일 초판 1쇄 인쇄
2022년 7월7일 초판 1쇄 발행

글　　　나수연
사진　　나수연
책코칭　다돌
펴낸곳　다돌출판사
펴낸이　최미숙
디자인　김대철 정선경
편집　　김대철 정선경
교정　　이경철
주소　　서울시 성동구 뚝섬로1나길 S-628
이메일　daebaksir@naver.com
홈페이지 www.dadol.co.kr
ISBN　 979-11-978741-6-1

책값은 뒷표지에 있습니다.
잘못된 책은 구입한 곳에서 교환해 드립니다.

*이 책은 저작권법에 의해 보호받고 있으므로 무단 복제 및 전재를 할 수 없으며, 이 책의 전부 또는 일부 내용을 사용하려면 저작권자의 사전 동의를 받아야 합니다. -나수연-